中央公論新社

山田雄司［編］
三重大学国際忍者研究センター［著］

忍者学講義

忍者学講義 ✦ 目次

第九章　精神科医の見地から　✦小森照久

『忍者学講義』出版にあたって

三重大学長　駒田美弘

２０１７年11月より読売新聞伊賀版・三重版で連載されてきた三重大学教員による「三重大発！忍び学でござる」を再編集して、このたび中央公論新社より『忍者学講義』として出版することになりました。

三重大学人文学部は、12年6月、上野商工会議所・伊賀市とともに「伊賀連携フィールド」という組織をつくり、伊賀地域の特性を活かした地域活性化と世界発信、伊賀の歴史・文化・産業を素材とする共同研究、伊賀地域住民向け市民講座・セミナー等の開設、伊賀の歴史・文化・産業を活用した現地型授業や研修の実施などに取り組んでいます。

忍者研究は、当初人文学部のみの文系からの研究でしたが、14年度〜15年度に文部科学省特別経費「忍者〝Ｎｉｎｊａ〟の知恵を活かした人にやさしい循環型社会の構築―文理融合型Ｎｉｎｊａ研究の成果を世界に発信―」に採択され、理系施設である伊賀研究拠点も研究に加わり、現代科学によって忍術を分析するという手法は各方面から注目されることとなりました。

そして、15年4月1日〜7月20日には文部科学省情報ひろばで企画展示「忍者を科学する！」を、16年7月より17年8月まで、日本科学未来館、三重県総合博物館、みやざきアートセンターで企画展「The NINJA—忍者ってナンジャ!?—」を開催しました。この展示には大人から子どもまで、さらには外国の方に至るまで多くの方に来場いただき、忍者の魅力を再認識する機会となりました。ここに参加した三重大学の教員が母体となり、さらに研究を発展させて今回の出版にたどりついたことは、継続的に取り組みを行っていく観点からも、大変意義あることと思います。

さらに三重大学では、伊賀地域を中心とした忍者に関する教育研究を推進し、その成果を広く国内外に発信する国際的な忍者研究の拠点として、また伊賀の地域創生に資することを目的として、17年7月1日伊賀に国際忍者研究センターを開設し、忍者研究に取り組んでいます。

忍者は何事にも耐え忍び、人間の気質や自然環境、社会環境などを掌握していたことから、忍術には過去・現在・未来を通して困難を生き抜くための技が凝縮されているといいます。これを活かして、持続可能な社会の構築のため、三重大学ではさらに忍者研究を深めていく計画です。地方国立大学がどうあるべきか問われている現在、おかげさまで忍者研究は各方面から注目されています。今後とも三重大学の取り組みにご支援いただけたら幸いです。

装幀　鈴木正道（Suzuki Design）
カバー写真　伊賀流忍者博物館
扉絵　伊藤銀月『現代人の忍術』より

忍者学講義

はじめに

山田雄司

「忍者？　果たして研究できるのか」——。

三重大学人文学部、上野商工会議所、伊賀市の3者は2012年、地域活性化組織「伊賀連携フィールド」を設立し、三重大学は全学を挙げて忍者研究に取り組むことになった。その先陣を切る役目を負った私だが、当時、忍者についての知識はほとんどなく、忍者に関する学術的研究もほとんどされていなかった。

その不安を解消してくれたのは、同市の伊賀流忍者博物館に所蔵されている数多くの忍術書。私たちが研究を始めた際、貴重な館蔵史料の調査を認めてもらえた。また、実際に忍術を伝承し、同館の名誉館長を務める川上仁一・甲賀流伴党21代目宗家が、三重大学の社会連携特任教授として全面協力してくださることになった。

黒装束を着て手裏剣を投げ、水蜘蛛《ぐも》を履いて水の上を歩く——。一般に広まっている、こんな忍者像は、研究を進めると後年に創作されたイメージだとわかってきた。

実際は、派手に立ち回る「忍者」ではなく、日々鍛練を積み、自己に厳しい地味な「忍び」である。「忍び」は戦いを避け、コミュニケーション能力を駆使して、情報収集を行う人たちだったのだ。創造された「忍者」と、実像としての「忍び」。両方の側面からの研究を進めた。

14年からは、三重大学が同市に設けた理科系研究施設「伊賀研究拠点」との共同研究が始まり、忍術の科学的分析も進んだ。その成果は、企画展「Ｔｈｅ ＮＩＮＪＡ－忍者ってナンジャ!?－」として実を結び、日本科学未来館（東京都江東区）、三重県総合博物館（津市）、みやざきアートセンター（宮崎市）で披露した。

映画やアニメの世界だけの存在と思われていた忍者・忍術。そこに科学的見地を加えた研究は今、大変な注目を浴びている。毎月、ハイトピア伊賀（伊賀市上野丸之内）で開いている「忍者・忍術学講座」をはじめ、東京でも海外でも忍者講座は大盛況。忍者人気の根強さを感じている。

忍者は、江戸時代から現在までさまざまな変容を遂げ、愛されてきた希有《けう》な存在だ。そして、「忍」の精神は日本人の心を表し、日本を創りあげてきた重要な要素だといってもいい。伊賀地域で大切に育まれてきた忍者文化を、大学と地域とが一緒になって成長させていけたら、と願う。

忍者・忍術を真っ正面から研究する「忍び学」。三重大学の研究者たちが、それぞれの専門分野の視点から、謎の解明や新発見など楽しい話題を書きつないでいきます。

第一章
忍者食を作ってみる

久松 眞

［食品科学］
三重大学名誉教授・
伊賀研究拠点産学官連携アドバイザー

久松　眞

三重大学名誉教授・伊賀研究拠点産学官連携アドバイザー
１９４８年生まれ。同志社大学工学部卒業、三重大学大学院修士課程修了、大阪大学大学院博士課程中退。大阪大学産業科学研究所助手から三重大学に移籍。定年退職後、三重大学伊賀研究拠点副所長（特任教授）として、理系忍者研究事業を担当。

忍者食、生薬丸めて乾燥

食品科学を専門とする立場で、忍者の何を研究するかを考えた。忍者が携行したとされる「忍者食」の再現に向け、2014年から挑戦を始めた。

忍術書の『万川集海』や『甲州流忍法伝書老談集』には、忍者食の材料と分量が記されているが、調理法や使用法の詳しい説明はない。そのうえ、普段も食べられていたのか、特別なときだけ口にしたのか。素朴な疑問であるが、これもわからなかった。

「老談集」には兵糧丸、『万川集海』には飢渇丸と水渇丸が登場する。兵糧丸の材料は、砂糖をベースに数種類の生薬（桂心《けいしん》、山薬、蓮肉《れんにく》、ヨクイニン、人参《にんじん》）。飢渇丸も類似の生薬が使われているが、砂糖の代わりにでんぷん。水渇丸は梅干しの果肉をベースに、少量の麦門冬《ばくもんどう》と砂糖からなる。

兵糧丸は、粉末にした人参と桂心を煎じた後、でんぷん系の生薬の山薬やヨクイニンを加え、別の容器で溶かした砂糖液と合わせて煮詰めた。鍋底をなめてみると、砂糖の甘さとシナモン（桂心）の香りがうまく調和して、意外とおいしい。

ところが、予想もしない壁にぶつかった。「老談集」のレシピ通りに作ると、兵糧丸は丸くならないのだ。濃厚な砂糖液を煮詰めていくと、砂糖が結晶化して一気に固体になる。

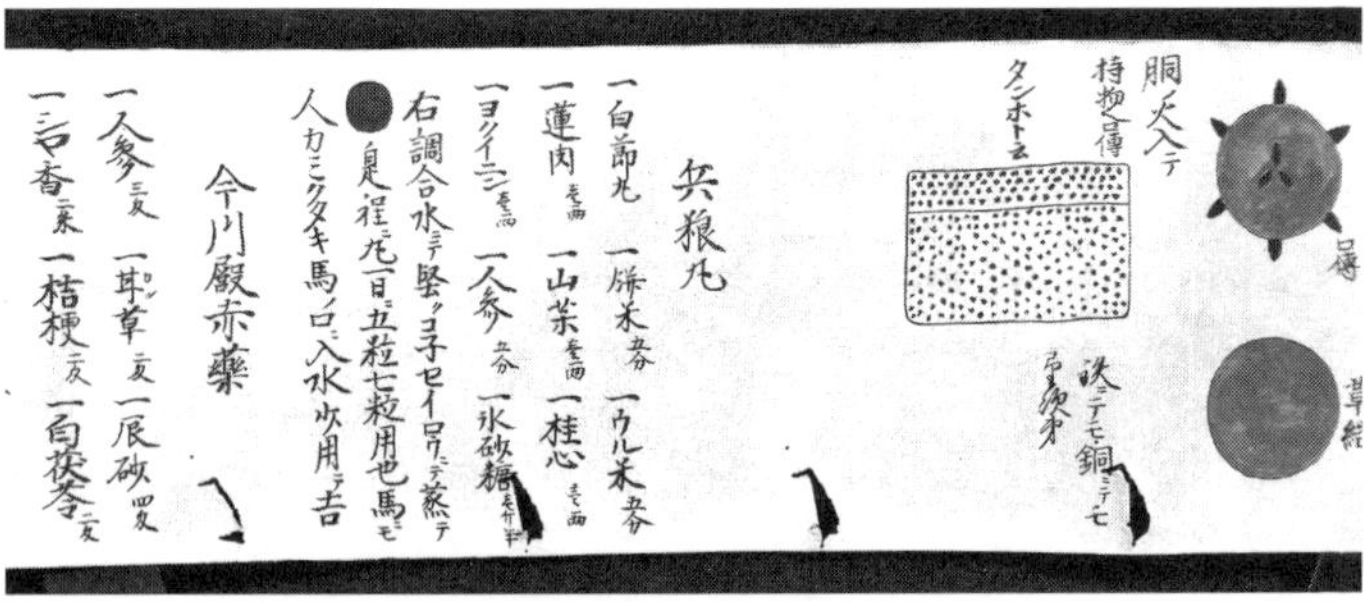

兵糧丸のレシピが書かれた『甲州流忍法伝書老談集』（久松氏提供）

専門的には「凝固点」という。

悪戦苦闘の末、この少し手前で適量を取り、一気に成形して丸くするのがコツとわかった。

一方、飢渇丸はでんぷんが主体なので、簡単に丸められる。砂糖を含まず、人参（朝鮮人参）の割合が兵糧丸よりも格段に多いことから、味は薬のようで、とても食べ物とは言い難いのだが。

また、水渇丸はかじると「梅干し？」と勘違いするほど酸っぱい。40度以上に設定した乾燥器の中で、1週間以上乾燥させたものは、1年以上過ぎても食べられる。昔は十分に天日干しをして保存したのであろう。

薬効でストレス対策か

いにしえの忍者たちは、なぜ、生薬を配合した忍者食を考えたのだろうか。漢方医は、患者の症状に合わせ、数種類の生薬を調合して漢方薬を作る。これから忍びをしようとする忍者が、病人であるはずがないのだ。

依頼主から高い報酬を得たいともくろむ忍者は、大手柄を立てる野望と危険との狭間《はざま》で、ストレスと闘っていたに違いない。

人は厳しい局面に遭遇すると、弱気になったり、頭が真っ白になったり、口が渇いて喉や胃が痛くなったりする。特別な修行をしていた忍者でさえ、突然襲ってくる強いストレスから身を守る必要があったと想像できる。

そのように考えるのは、米航空宇宙局（NASA）の報告が根拠だ。宇宙飛行士が地球へ帰還するとき、大気圏再突入が成功するかどうか不安に襲われ、白血球数が顕著に増加することがわかった。

近年になり、この現象は、ストレスホルモンの作用によって、白血球を作り出す造血幹細胞の増殖制御系が狂ってしまい、一気に白血球が増加するためとわかった。急激な白血球の増加は血流を悪くし、脳卒中などの原因となる。

忍者食に使用されている生薬の薬効を、忍びの活動中に受けるストレス反応の対策に絞って平易な言葉で表現する

試作された兵糧丸（右）と、原材料の生薬

と、「元気にする」「疲労を回復する」「痛みを和らげる」「落ち着かせる」「下痢を止め、胃腸の調子を整える」「血行を促進する」「喉の痛みや咳《せき》を和らげる」「免疫力を上げる」——などだ。

ストレスを受けると、筋肉などの組織にグルコース（糖）が多く送り込まれ、大脳へのグルコース供給は抑えられる。こうなると、人は冷静な判断が難しくなる。忍者は砂糖ベースの兵糧丸を少しずつ口に入れ、頭の働きが落ちないように努めたのではないか。

また、任務が終わって戻るチャンスをうかがっているとき、忍者は、でんぷんベースの飢渇丸を少しずつ口に入れ、疲れた体を回復させたと推察する。クエン酸と塩をたくさん含む梅干し、喉に薬効のある麦門冬で作った水渇丸は、疲労とストレスからくる喉の痛み、渇きを予防したのではないか。

忍者食は、栄養学的には「食べ物」とは言い難い。過酷な忍びの仕事を成功裏に終えるため、なくてはならない「忍具」だったのだろう。

飢渇丸　ストレスに効果

国際忍者学会の設立記念大会の懇親会の席で、「六文銭」の家紋が入った赤い法被《はっぴ》の女性から、声をかけられた。真田忍者の地元・長野県上田市の方。「上田の忍者食はまずい。

兵糧丸のようにおいしくできないだろうか」――。忍者食を上田の土産にしたいようだ。

ストレス反応の一つに、肝臓に血糖値を上昇させる作用がある。氷砂糖が主体の兵糧丸を早めに補給すれば、それで血糖値が上昇するので、肝臓の負担が和らぎ、ストレスが緩和される。しかし、まずいとなると、別の説明を考えなければならない。とにかく、まずいにも理由があるはずだ。

藤林保武がまとめたとされる忍術書『万川集海』は、22巻と軍用秘記の1巻からなる。軍用秘記の「守備と合戦の心得」に、飢渇丸が紹介されている。

人参（朝鮮人参）・十両（375グラム）
蕎麦粉・二十両（750グラム）
小麦粉・同（750グラム）
薯蕷《しょよ》（長芋のこと）・同（750グラム）
甘草・一両（37・5グラム）
よくい仁・十両（375グラム）
糯米粉・二十両（750グラム）

以上の材料を粉にして、3年物の古酒3升に浸す。乾燥させた後、桃の大きさに丸める。

この種の緊急食は、食物がまったくないときの助けとして、1日3粒ほど服用すれば、心身共に疲労しないとある。

これを読んで、まず驚くのは、朝鮮人参の量の多さだ。さらに、イメージしにくいのが、当時の桃のサイズ。今の桃とは違うはずだが、それを知る手がかりはない。

そして、参ったと感じたのが「古酒」だ。この記述が本当であれば、今から400年ほど前のこと、低温加熱殺菌（火入れ）処理した日本酒を、数年間保存した美酒のことを指していることになる。火入れは当時、世界最先端の技術であった。あるいは、沖縄の泡盛のような蒸留酒を3年以上寝かせた古酒《クース》だったのか。

最も現実的に考えられるのは、飲まずに数年おいたため、乳酸菌が繁殖し、酸化して酸っぱくなった古い酒のことだ。これなら、乳酸飲料の先駆けであったと考えれば、粋である。真実はわからない。

ここは仕方なく、市販の焼酎を使って試作した。材料は粉末にして軽く煎じ、酒を加えると、意外と簡単に丸くなった。ただ、作業中から薬のような嫌な臭気が立ちのぼった。十分乾燥すると、アルコール臭は消えたが、「古酒」のことが最後まで気になった。

完成品を試食した。砂糖を含まず生薬の量が多いので、口当たりは苦くてまずい。が、ストレス対策としては強力であったと推察できる。

ストレス反応に対してどのようなメカニズムで効果があったのかは、兵糧丸のように明快に説明することはできない。しかし、「良薬は口に苦し」と、納得することにした。

水渇丸　酸味で喉を潤す

おいしい兵糧丸、苦くてまずい飢渇丸のほかに酸っぱい水渇丸も作ってみた。

忍術書『万川集海』の軍用秘記には、飢渇丸と水渇丸が併記されている。

梅干しの肉を打ち潰した物・一両（37・5グラム）

氷砂糖・二匁《もんめ》（7・5グラム）

麦門冬・一匁（3・75グラム）

「この三つを細かい粉末にして丸めて用いる。水に渇したときの妙薬である」と記されている。

武士の飯などに関する本を見ると、塩分濃度の高さに驚く。激戦で勝ち抜くためには、ご飯を腹いっぱい食べ、水をたくさん飲んで汗をいっぱいかいたのであろう。今は高血圧症の心配から市販の梅干しは減塩傾向だが、当時の梅干しは相当塩辛かったはずだ。

たまたま家で塩が吹いた梅干しを見つけた。小梅だったので種と果肉を分けるのに苦労したが、試作する量は十分あった。

麦門冬は、裏庭で見つけたジャノヒゲの根にある、こぶ状をした塊根を材料にした。現在でも、風邪で喉が荒れたときに麦門冬湯などの漢方薬が処方されることがある。

ここで不思議なのは、少量の氷砂糖である。砂糖は甘いだけではなく、水との親和性が非常に高い特性がある。水を介してさまざまな物質を包み込む性質があるため、激辛食品に砂糖を振りかけると、辛さが弱くなって隠れていたうま味がグンと引き出され、おいしくなったことを経験したことがある。

酸っぱくて、しょっぱい食材に、少量の砂糖を加えることによって、刺激を和らげたのではないか。それでも、これだけを口にすると酸っぱいが、ストレスで喉が渇いた場合はこれでもよい気がする。

ストレスがかかると、自律神経を介したストレス反応で、アドレナリンの分泌が促進され、交感神経が興奮する。瞳孔が開き、心拍数は上がるが、胃の運動や唾液の分泌は抑制される。唾液が少なくなると喉の粘膜が乾燥し、空気に直接触れるので喉が痛くなる。

梅干しの酸味は、柑橘《かんきつ》類と同じクエン酸であり、天然の有機酸の中では酸性度が低いグループになる。水渇丸の主成分であるクエン酸の刺激で、唾液腺が刺激され、唾液が出れば喉を潤し、喉の痛みを和らげる。

兵糧丸イメージに菓子

忍者の携帯食（兵糧丸、飢渇丸、水渇丸）は、忍びの活動時に受ける強いストレスを軽減し、能力の維持や護身のために使用した。しかも心や体の状態や、活動現場の状況によって使い分けていたと推察したので、本当はこのような忍者食を常に提供したいのだが、残念ながらそれは難しい。そこで、少しでもイメージできる菓子があればと考えていたところ、名張市の洋菓子店「モンパクトル」が、三重県の助成事業に、新たな菓子作りのプロジェクトを申請しようとしているとの情報が入った。

私がこの申請書類の作成を手伝った縁で、同プロジェクトを共同研究することになった。2016年秋からスタート。学術的に調査研究した忍者食の知識（大学の強み）と、売れ筋商品を生んでいるノウハウ（地域企業の活力）がジョイントして、忍者食関連の新商品を目指した。

忍者食3種の中で、甘くてシナモンの香りが特長の兵糧丸を迷いなく選んだ。モンパクトルの吉島星日子《よしじまほしひこ》さんは、忍術書「老談集」に紹介されている兵糧丸を実際に試作して、本物を理解することから始め、兵糧丸で使われた材料を、同社が販売している商品「かたやき小焼き」に加えることで、双方の特長を生かした菓子を目指した。

「老談集」の兵糧丸は、砂糖をベースに5種類の生薬（桂心、山薬、蓮肉、ヨクイニン、人参）が使用されている。菓子は化粧品と違い、あまりに高価だと売れないから、材料に生薬は使えない。

そこで、食品として一般的な材料に置き換えた。シナモン粉末（桂心）、ヤマイモ粉末（山薬）、ハスの実粉末（蓮肉）、ハトムギ粉末（ヨクイニン）、朝鮮人参の粉末（人参）という具合だ。

世界的に認知度が高いニンジャ（Ｎｉｎｊａ）の菓子だから、日本人だけでなく、世界中の人々に「おいしい」と感じてもらう必要がある。そのため、三重大学の学生で作る「三重大ブランドづくり学生委員会」や、忍者・忍術学講座に参加した一般市民、チェンマイ大学（タイ）、江蘇大学（中国）との「Ｔｒｉ－Ｕ（３大学）国際ジョイントセミナー」に参加した外国人学生らに試作品を食べてもらい、アンケート調査をして改良を重ねた。

さらに、三重大学の産学連携認定商品の手続きも行い、２０１８年の卒業式と入学式で、新商品「かたやき小焼き」を発売した。その年の４月末には記者発表し、新聞やテレビなどで広く報道されることになった。

ストレス対策　今も有益

２０１６年夏、日本科学未来館で忍者展が開催され、この企画に協力した。展示用の忍者食作りと、それらの説明文の協力だけだと思っていたら、主催者から「忍者の日常生活における食事も展示したい」と依頼された。

さて、忍者食の史料はあるが、普段の食生活を紹介した史料は見つからないので困惑した。忍者は午前中は田畑や山の仕事をこなし、午後に忍術等を訓練したとされるので、それを主な根拠として、当時の農民の食事を推測し、回答した。だが、そのような史料は存在するのだろうか。

軍事行動中に兵士に配給される野戦食は、健康維持を考えた栄養補給はもちろんだが、意欲を高める食材や菓子類も工夫されている。自給だった忍者が、軍隊のような野戦食を作るはずがない。食べられる野草は熟知していたので、食糧は道中でいくらでも見つけられるからだ。

それでも忍者は「兵糧丸」「飢渇丸」「水渇丸」を携行した。当初はそれぞれ別物と思って、各使用目的を明らかにすべく調査研究を始めた。が、そのうちいずれもストレス反応に対する予防食（薬）であったらしいことがわかってきた。

そのため、ストレスの科学をにわか勉強することにした。そして、ストレス反応を上手に回避することが、忍びに何が何でも必要であったに違いないと気が付いた。

誰でも厳しい局面になると緊張する。心拍数が上がり、喉が渇き、胃が痛くなり、その場から逃れたい気持ちに駆られる。これは、危機を回避して生き延びる本能で、突然襲ってくるこの反応の回避は難しいとされている。

想定外の局面に出くわすと、忍者でも冷静な判断は難しかったに違いない。忍者は、危ないと察したら忍者食を口に入れ、本能的なストレス反応による緊張をほぐしたのではないか。

忍びの前と後に行う忍者の祈り（印、九字護身法）と、ゆったりとした深い呼吸（息《おき》長《なが》）も心拍数を下げ、落ち着かせる効果がある。印や息長や忍者食で精神を安定させ、登器、開器、火器などの忍び道具を駆使し、冷静かつ機敏に情報収集した忍者の知恵は、今のストレス社会で活躍している方々に、有益な情報になるのではないか。

コラム1　「忍者刀」実用性に疑問

山田雄司

忍者が用いた道具としてよく知られているものの一つに「忍者刀」がある。忍者のことを書いた現代の本では、ほとんどの場合、忍者刀の説明がなされていて、それによると、忍者刀とは一般の刀より短く、反りのない直刀で、鐔《つば》は大きく正方形、そして鞘《さや》の先が尖《とが》っているという。

果たしてこのような刀は実在したのだろうか。これまで数千本の刀を鑑定した刀剣の専門家に尋ねてみても、このような刀は見たことがないという。古い文献でも「忍者刀」の記述はない。

それでは、忍びが使った刀について、どのような記述があるかというと、1651年（慶安4年）の北条氏長『一歩集』には、刀の下緒《さげお》（鞘につけたひも）を結んで足首に引っかけ、刀を塀に少し斜めに立てかけ、鐔に足を掛け、飛び上がって塀の腕木に飛びつき、乗り越える方法が書かれている。

刀を使って塀をよじ登る忍者
（伊藤銀月『忍術の極意』より）

大正から昭和初期にかけて、忍術を研究した伊藤銀月の『忍術の極意』には、その様子が記されているが、そこで描かれたのは普通の刀である。

いつから「忍者刀」が登場するのか、今のところ不明だが、忍者がそのような刀を使っていなかったことは確かだろう。おそらくは伊藤銀月の記述などを参考に、塀を越えやすいような刀の形状に変えられたのではないだろうか。

実際に「忍者刀」を作って腰に差してみた東映太秦映画村の役者さんに話を聞いたことがある。鐔が四角くて大きいと、歩くときに擦れて痛いとのことで、やはり実用性に欠けるのである。

第二章
伊賀者の歴史を辿る

高尾善希

［近世日本史・村落史］
三重大学国際忍者研究センター准教授

高尾善希
三重大学国際忍者研究センター准教授
1974年生まれ。立正大学大学院文学研究科博士後期課程研究指導修了満期退学。博士（文学）。著書に『忍者の末裔 江戸城に勤めた伊賀者たち』（KADOKAWA）。

史料情報　全国から続々

三重大学は２０１７年７月、三重県伊賀市のハイトピア伊賀に国際忍者研究センターを開設し、私はその准教授として採用された。そこでの研究の一つに、史実の忍者の実像を明らかにすることがある。それには、まず史料探しからである。

三重大学がセンターを設立したとき、「忍者の史料なんてあるのか」という疑問も寄せられた。実は忍者の史料は全国にまたがって存在する。

センターは２０１８年８月、「全国忍者調査プロジェクト」をスタート。忍者関係史料の所在の有無について、北は北海道から南は沖縄県まで全国９００か所の文書館、博物館、各教育委員会などにアンケートを送付させていただいた。

忍者は、近世の身分秩序でいえば、だいたい「情報探索や奇襲などの特殊任務につく下級武士」ということができる。各藩にそのような下級武士はいただろう。「分限帳」（武士の職員録）に見いだされることもある。

送付先に北海道を含めた意味は、忍者は下級武士であるため、末裔《まつえい》が明治維新後に北海道へ屯田兵として入植した可能性があるからである。また、松前藩にも忍者がいたかもしれないし、蝦夷《えぞ》地探索も忍者学に関係があるかもしれない。沖縄県にも忍者と類似した人びとがいたかもしれない。

それ以前に、何よりも、史料はどこにでも移動する。海外に渡った例すらある。調査する際には、広めに網を打っておく必要がある。史料の所在をご存じの方がいらっしゃれば、センターまでご一報いただきたい。

この結果、かなりの施設から有効な返答をいただいた。特に興味深かったのは、「伊賀」「伊賀衆《しゅう》」「伊賀者《もの》」などのように、「伊賀」という名前のついた忍者の存在である。徳島、岡山、鳥取、松江、熊本、小倉の各藩、徳川幕府などで確認できた。

幕府以外の各藩は、中国、四国、九州地方にある。これは、1578年（天正6年）〜81年（天正9年）の「天正伊賀の乱」によって逃亡した伊賀の人びとが、非織田勢力圏に落ちのびていった結果であろう。全国を俯瞰《ふかん》する調査によってこそ、わかってきたことである。

その他、任務や禄の高下など、地域によって、時代によって、忍者のあり方が多様だったことが想像される。地道な調査によって、史実の忍者に迫っていきたい。

『万川集海』使用の証拠

伊賀者といえば、やはり伊賀国だ。三重大学国際忍者研究センターでは、前述のように日本全国の忍者を研究しているとはいえ、伊賀市役所や上野商工会議所（伊賀市）などのご協力を頂いているから、特に伊賀市の忍者を研究したいものだ。

２０１８年11月、伊賀市大野木の木津俊夫さん（当時68歳）から、ご先祖伝来の貴重な木津家文書をセンターに寄託していただいた。

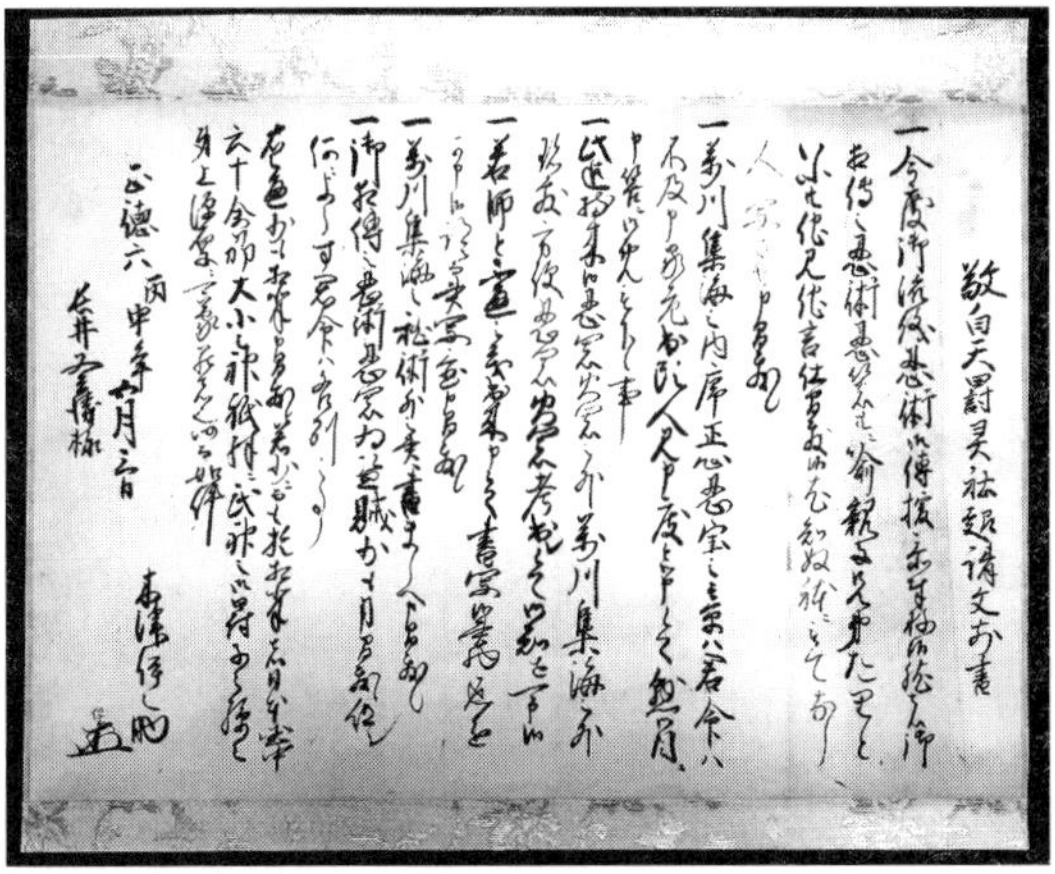
木津家から寄託された「敬白天罰霊社起請文前書」

木津家は津藩に仕えた伊賀者の家筋であった。総点数１３２点。２代目から5代目だけが伊賀者の籍にあったため、すべてが伊賀者の史料というわけではないが、伊賀者について興味深いことがわかる。

目玉史料は「敬白《けいびゃく》天罰霊社起請文《きしょうもん》前書」。その存在は知られていたが、今回、その原本が出てきたことで、正確な文章を知ることができた。５代目木津伊之助が、忍術の師である長井又兵衛に宛てて出した、いわば〝忍術伝授誓約書〟である。師も弟子も同じ津藩の伊賀者同士であり、秘伝を共有しあう間柄である。

起請文は6か条にわたっており、そのうち3か条に、著名な忍術書『万川集海』の名前が現れている。これにより、実際に津藩の伊賀者の間で『万川集海』が使われていたことがわかる。そのうえ、その使われ方もわかった。

①親子兄弟といえども忍術の内容を他見他言してはならない。

②主君、家老、側用人といえども「万川集海」の冒頭（序、正心、忍宝）しか見せてはならない。

③「万川集海」以外の技術を弟子が新たに開発したときには師匠に伝える。

④師匠と弟子の関係がなくなったとき、弟子は書き写したものを返却しなければならない。

⑤「万川集海」の秘術はほかの書籍に書き交えてはならない。

⑥忍術、忍器は盗賊目的で利用してはならない。

——などと記されている。

『万川集海』は1676年（延宝4年）成立、起請文は1716年（正徳6年）成立である。17世紀後半から18世紀初頭、『万川集海』の内容は実際に盗賊の技術として使用し得る、伊賀者共有の忍びの先端技術であった。そして、その先端技術は、弟子も協力してさらに進化させようとしていた（③）。

木津家文書は、三重大学大学院の忍者学コースの学生たちと翻刻（くずし字を楷書におこすこと）作業を進めた。

地侍の分裂抗争で発達

忍者といえば伊賀者・甲賀者を思い起こす人が多い。伊賀・甲賀地域から忍者を数多く発生させたこと、それによって彼らが江戸時代に幕府や各藩に仕えたことなどが影響している。前述の『万川集海』は、伊賀者・甲賀者が使った忍術の集大成である。

それにしても、そもそも、なぜ忍者が伊賀・甲賀地域に発生したのか。俗書に、渡来人以来の由緒を云々《うんぬん》しているものがあるけれども、的を射ているとは言い難い。

戦国時代、戦争の規模が大きくなり、かつ、軍事技術が高度化すると、その技術に特化した地域の人々が、全国をまたにかけて盛んに活動するようになった。たとえば、近江国の国友や大阪湾に面する堺は鉄砲を生産する地域で、近江国の穴太は石積み職人の集住する地域、また紀州国の雑賀《さいか》・根来《ねごろ》は鉄砲に長《た》けた地侍の集住する地域であった。そうした中に、忍術に長けた人々が住む伊賀・甲賀地域もあり、忍者として各地に傭兵《ようへい》稼ぎに出るなどしたのであろう。

忍者と伊賀・甲賀地域の関連については、江戸時代初期の人も素朴な疑問を抱いていたらしく、忍術書『万川集海』にその記述がある。想定問答形式で忍者の歴史が書かれている箇所に、「問いて曰《いは》く、かくのごとく忍術普《あまね》く天下に用ひしと聞く。しかれども、専ら伊賀甲賀は、殊に忍びの名、諸州に冠たるを何ぞや」とある（書き下し文）。

それに対して、同書では「伊賀・甲賀の者どもは守護あることなく、各《おのおの》我持にして面々が知行の地に小城を構へ居て、我意《がい》（わがまま）を専《もっぱら》とせり。……互《たがい》に人の地を奪ひ取んことを思て闘諍《とうじょう》に及ぶこと幾何《いくばく》や」と、当時の社会状況を説明している。

伊賀・甲賀地域は地域をまとめる大きな勢力（「守護」）がなく、小さな勢力（「小城」）をもつ地侍）に分裂して抗争が激しかった、としている。この戦いが続く状況によって、忍術が著しく発達して忍者が多く発生し、忍者の「上手」まで輩出した、とも説明している。

「天正伊賀の乱」の様子を記した「伊乱記」にも「伊賀者（伊賀国の人）の癖として堅くな成る心にて内談一致に調《ととのい》難《がた》く、別心にて一統成らず」「郷士の気分別々に成て」とある。伊賀国の人々の意見がまとまらないのは、映画『忍びの国』の売り出し文のように、彼らが「ろくでなし」であったからではなく、勢力が細かく分裂していたからであろう。

これらの文献の内容を裏付けるように、考古調査では、「単郭方形四方土塁」という小さな城が多数発見され、最近の研究では伊賀地域だけでも６００ほどを数える。おそらく、盆地であることによって、大きな勢力の侵入がなく、勢力が分裂してしまったのだろう。

忍者は、このような状況から生まれたのである。

こうして、伊賀・甲賀から発生した忍者たちは、西日本や江戸など、各地へ散っていった。

徳川幕府　忍者は警備員

江戸にも伊賀者がいた。以降、徳川幕府に仕えた伊賀者のことを述べる。

私は数多くの歴史講座や古文書講座の講師の仕事をしている。そんな中、ある古文書講座の受講生で「伊賀者の子孫です」と名乗る男性と出会ったことがある。神奈川県の松下さんという方で、最初は冗談だろうと思ったが、古文書を持っているという。それが「徳川幕府伊賀者松下家文書」の発見だった。

史料は47点しかなかったが、冊子が多いため、すべてをデジタルカメラに撮影すると1200コマにも上った。それらの内容をまとめ、『忍者の末裔《まつえい》　江戸城に勤めた伊賀者たち』（角川書店）を上梓《じょうし》した。

徳川幕府内で伊賀者の禄《ろく》の上限は高30俵2人扶持《ぶち》。生活に困難を感じたであろう微禄の御家人であった。この御家人とは「御目見《おめみえ》」以下の身分で、将軍に会う資格のない身分だった。

松下家の禄はそれよりさらに低く、高20俵2斗6升2合5勺2人半扶持。松下家は一時期、「小屋掛け」同然の家に暮らしていたらしく、そのような階層の家の史料が残っていること自体、珍しいことなのである。

松下家文書を読むと、徳川幕府の伊賀者は、泰平《たいへい》の時代、もっぱら江戸市中の屋敷や江戸城の門番として勤務していたことがわかる。いわば〝サラリーマン警備員〟である。

忍者といえば、情報収集、戦場での斥候（偵察）やゲリラ的攻撃を行う者たちである。そもそも、どうしてそんな彼らが警備員にされたのだろうか。

戦国武士の心得が書かれた史料『軍法侍用集』には「番所目付用心のためには、しのびを心がけたる人然《しか》るべし」とあり、「しのび」は守備にも使えると述べている。実態はどうあれ、泰平の世には忍者を守備に用いるという発想で配置されたのだろう。

秘密の仕事も手伝った?

この松下家文書は、これまで知られていなかった諸事実を教えてくれた。

同文書は、松下家の5代目菊蔵（1705〜74年）による記録がほとんどである。彼は細かい文字で自分の勤務の様子を書き記している。自らの功績を子孫に誇りたかったのだろう。彼は書類作りなど事務仕事の名手でもあり、大奥の出納係にまで出世している。

菊蔵は10歳にして家督を継ぎ、〝サラリーマン警備員〟として、明屋敷番《あき》（空き家の武家屋敷の警備）や江戸城の西之丸山里番などを務めた。まじめに出勤することこそ、出世のアドバンテージになった。菊蔵は健康だったので、一日も欠勤せず番を勤め上げた。流行病が発生したときも、仲間は寝込んで欠勤する者が続出する中、彼だけは元気に出勤している。

それでは、泰平の時代の伊賀者は、門番をするだけの存在になってしまったのか？

徳川吉宗は8代将軍として江戸城に入ると、藩主をしていた紀州藩から家臣を幕府へ呼び寄せ、新しい「伊賀者」とした。彼らは特に「御庭番」と呼ばれた。当時の「伊賀者」はこの頃、単なる役職名になり、伊賀国出身ではない者も就くことがあった。

門番として実直に勤務していた菊蔵も、この御庭番とともに「御庭御用」なる仕事をしている。しかし、いつも記録上では多弁の菊蔵が、その部分だけは一切何も記していない。ちょうどドーナツの真ん中が穴になっているのと同じように。

御庭番との勤務が終わると、将軍世子の側近を通じ、「御内証《ごないしょう》」として褒美をもらっているが、何に対する褒美だったのか、それも記していない。

私は、この「御庭御用」とは「御隠秘御用」（御庭番の秘密の仕事）を手伝う仕事だった可能性が高い、とみている。つまり、泰平の時代の〝サラリーマン警備員〟も、実は少し忍者としての仕事をしていたのではないか、と推測している。多弁な者が沈黙することこそ、怪しいのである。

蔵屋敷は〝支配事務所〟

徳川幕府の伊賀者は、武士の中でも身分が低く、足軽の格式である。彼らの禄（武士が主家から拝領する収入）は、多くても高30俵2人扶持である。その支給の方法は、どのようになっていたのだろうか。

禄には、二つの形式がある。一つは、主家から拝領した知行地があり、そこから年貢を取る形式。もう一つは、主家の蔵から直接、米の支給を受ける形式である。前者を「知行取り」といい、後者を「蔵米取り」という。「知行取り」には身分の高い者が多い。足軽の格式であれば、だいたい「蔵米取り」だとみてよい。

ところが、伊賀者は「知行取り」である（ただし、「知行取り」ではない伊賀者もいる）。身分が低いにもかかわらず、なぜ領地を拝領しているのか、その理由はわかっていない。

伊賀者の領地は、一ッ木村（東京都港区）、隠田村（渋谷区）、原宿村（同）、上白子村（練馬区）、下白子村（埼玉県和光市）、小足立村（東京都狛江市）、佐須村（調布市）の7か村である。この村々を約150〜200人の伊賀者が支配していた（時期によって人数が異なる)。

普通、知行地を支配する武士は1人だ。しかし、伊賀者の場合、支配者が150〜200人もいたのだから、支配は大変だった。

伊賀者たちは、「地方掛《がかり》」という代表者を決めて、知行地の諸管理をしていたと考えられる。当然、そのための〝支配事務所〟もある。伊賀者の屋敷が集中していた東京都新宿区四谷にそれがあった。図の「蔵屋敷」とある場所で、現在でいえば、新宿歴史博物館の隣にあたる(ほかの地図には「イカクラヤシキ(伊賀蔵屋敷)」とある)。

伊賀者の事務所「蔵屋敷」の記載がある「江戸切絵図・四ツ谷絵図」

松下家文書をはじめとする諸史料から考えるに、「蔵屋敷」では、①伊賀者の内の罪人を入れる、②百姓を召喚して申し渡す、③年貢等を入れた——と考えられる。

忍者といっても、生活しなければならない。〝支配事務所〟というのも、現代の忍者のイメージと異なり、興味深い。

年齢を偽り家督相続も

徳川幕府の伊賀者は「御広敷番」「西之丸山里番」「明屋敷番」「小普請方伊賀者」のいずれかの職に配属された。

「御広敷番」は、江戸城本丸大奥にある事務室エリア（御広敷）の警備。「西之丸山里番」は江戸城西之丸の山里門の警備。「明屋敷番」は屋敷替え、没収などで無人になった武家屋敷の警備。「小普請方伊賀者」は幕府が行う普請の警備である。

このうち、もっとも名誉な職が大奥の御広敷番である。警備といっても規則があるから、ぼうっとしていては務まらない。

一方、その他の三つのうち、最も勤務しやすいのは明屋敷番。空き家が火付けなどされないように見張っているだけだから、煩雑ではないし、技術も必要ない。伊賀者の当主が、①年寄りになった、②病気になった、③幼年で当主になった――のいずれかの場合、ここに配属される。現在の会社でも「窓際」と呼ばれる閑職がある。軽い仕事しかできない伊賀者を、それなりに役立てる職がちゃんと用意されていたのである。

ところで、幕府法では、数え年で17歳未満の者は、武家の家督を相続できない規則である。武家は戦場に出る義務があったためだ。法に従えば、幼年の当主は存在しないはずなのに、なぜ「③幼年で当主になった場合」が存在するのか？

それは、年齢を偽って家督相続する者が多かったためだ。法が骨抜きにされていたのである。

松下家文書によれば、伊賀者の松下菊蔵は、父伊太夫が早く亡くなったので、急に家督相続しなければならなくなった。数え年10歳で、今でいう小学生である。一族が相談のうえ、18歳（今でいう高校生）と偽って幕府に上申した。当時は家を潰さない方針で、大抵は見え透いた嘘でも許可された。

成人した後、彼は見た目が幼かったため、書類上の年齢と外見からの印象がますます離れていった。それで、年齢の訂正を願い出て、それが通っている。ならば、最初から偽る必要もないといえるが、家督相続のときだけ、形を整えたのである。

このように、伊賀者、忍者といっても、江戸時代にはサラリーマン化していた。

御庭番　その実像は？

ある年の三重大学の担当科目で、御庭番に関する史料をテキストに選んだ。そこで、女子学生から御庭番が登場する漫画を教えてもらった。『週刊少年ジャンプ』（集英社）連載の『るろうに剣心』。早速、その漫画を眺めてみた。その〝御庭番〟は武芸者のようないで立ちで、戦闘を繰り返す者たちであった。

テレビ時代劇『暴れん坊将軍』（テレビ朝日）の〝御庭番〟は、「吉宗」の代わりに悪者を成敗する役目。NHK大河ドラマ『八代将軍吉宗』にも少しだけ登場する。

実在した御庭番は、深井雅海『江戸城御庭番』（中公新書）で紹介されている。八代将軍徳川吉宗が紀州藩から連れてきた下級武士で、紀州藩時代から情報探索を担当していた。別家あわせて26家。彼らの情報探索の仕事は、幕府上層部から旅行の命令と旅費の支給を受け、町人に変装して出かけて情報を集め、報告書を仕立てる——というものだった。

もし危険であれば、調査対象が藩であった場合、「藩領にまで踏み込まなくてもよいぞ」と、わざわざ断りを入れられるほど、危険を避けていた。フィクションの〝御庭番〟ほど危険な仕事はない。また、実際の御庭番はメンバーも秘密ではなく、『武鑑』（幕府の職員録）に堂々と名前が載っている。

私の発見した徳川幕府伊賀者松下家文書にも御庭番が登場する。拙稿で述べたように、伊賀者と御庭番が一緒に情報探索をしていた。紀州藩出身であり伊賀出身ではないが、一度は伊賀藩の籍に入っている。しかし、御庭番は、吉宗肝いりの者なので、最初は松下家と同じく御家人（御目見以下）の身分でも、すぐ旗本（御目見以上）に昇進したエリートであった。

初代御庭番の村垣吉平より六代後が村垣淡路守範正《のりまさ》で、幕末の遣米使節団の副使に列している。松下家文書に初代村垣吉平の名前があり、伊賀者松下菊蔵と一緒に勤務している。史料を見て、「まさか菊蔵も、吉平の子孫が従五位下にまで昇進してアメリカに渡るなんて、思いもしなかっただろう」と、しみじみ思うのである。

コラム2

情報戦術が忍者の本業

山田雄司

「忍者は8万5000ドル（約945万円）もの高給を得られるのに、伊賀ではなり手が足りない」——。こんなニュースが世界を駆け巡り、伊賀市や観光協会に、「忍者になりたい」などの申し込みや問い合わせが相次いだ。市長は、これをフェイクニュースだとして打ち消しに躍起となったが、この一件から学ぶことはたくさんある。

忍者の本業は「情報収集」「伝達」「操作」にあり、これによって天地を造るくらいの大きなことを成し遂げるとされた。情報を握ることは、死活問題だったのだ。

そのため、忍術書には情報に関する記述が数多くある。たとえば『用間加條《ようかんかじょう》伝目口義《でんもくくぎ》』には、「大忍之大事」として、「平日スヘテ諸国へ手寄リヲツケ、知音ヲコシラヘテ万事通達自由ニナシヲクヘシ」とある。

日頃から、さまざまな知り合いを作っておいて、多様な情報を得ておくことが重要だと説いている。そして、情報が確かなものかどうか、「見詰め、聞き詰め」る必要を謳っている。

それならば、「忍者市」を宣言した伊賀市は、まさに情報戦術に長けていなければならないはずである。

現代では、英語で興味深い情報を発信することによって、瞬時に世界に拡散する。今回のニュースを逆手にとって、たとえば「忍者世界一選手権」を開催して、数か国語を操り、知的・肉体的に秀でた「忍者」を、その金額で職員として雇えば、どれだけ伊賀の観光に役立つか計り知れない。

そのためにも、まずは私の書いた『忍者はすごかった』を、市の職員すべてに読んでいただきたい。

２０１８年9月、大阪の警察署から脱走した男が1か月半余り逃亡し、山口県周南市で逮捕される事件が、世間を驚かせた。

男は自転車に乗り、「日本一周中」のボードを掲げ、堂々と各地を転々とした。男に会った人も、自然体で話しかけてきたので、逃走犯だとはまったく気付かなかったという。男の逃走方法は、忍術書に記された手法と通じるところがある。

忍者は、情報収集が一番の職務だ。その手法として、「陽忍」と「陰忍」の2通りある。

陽忍とは、姿を隠すことなく、堂々と敵の中で活動する術のことをいう。陰忍とは、姿を隠し、ひっそりと敵中に忍び込む術である。

忍者というと、夜に壁を越えたり、戸を開けたりして、屋敷の中に忍び込むことを想像するが、それは陰忍のことだ。陽忍では情報収集ができない場合に、陰忍が用いられた。なぜなら、陰忍はさまざまな特殊技術が必要で、収集できる情報も限定されたものとなるからである。

陽忍としての忍者は、僧侶、山伏、商人、芸能民などに扮《ふん》して情報を収集した。こうした職業の人々は、各地を回ることができ、そのような人が町や村にやってきても怪しまれなかった。

しかし、姿を変えるだけではもちろんダメで、当然、それぞれの職業に応じた技術を身につけておく必要があった。また、「人と会ったら自分から声をかけよ」とも忍術書に書かれている。そうすることで、怪しまれずに済んだのだ。

今回の逃走犯は「どこかに潜んでいるだろう」との大方の予想を裏切り、衆目を集める中、自転車で各地を疾走した。まさに、陽忍の術を使って「身を隠した」と言えよう。

世の中を不安に陥れた逃走劇は決して許されない。だが、今の時代であっても、陽忍の術を使えば、容易に社会に溶け込めるという教訓になったのではないか。

第三章

忍者の動作を科学する

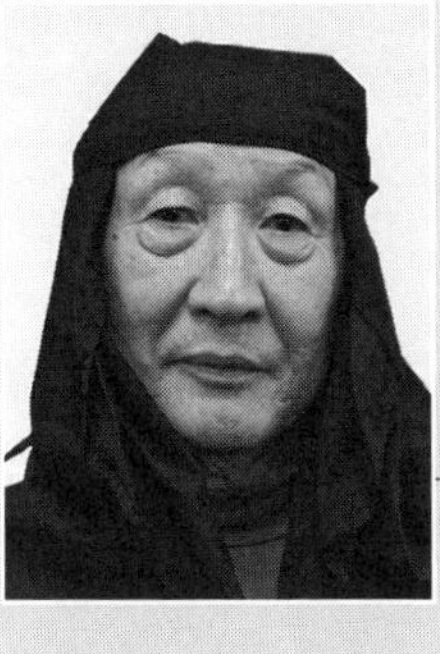

脇田裕久

［運動生理学］

三重大学名誉教授

脇田裕久
三重大学名誉教授
１９４６年生まれ。東京教育大学体育学部卒業。専門は運動生理学と剣道（教士・七段）で、子どもの体力、俊敏性、気合、古武術的身体体操法などを研究。三重県剣道連盟副会長。

抜き動作歩行　1日200キロ

伊勢商人で幕末の豪商、現・松阪市の竹川竹斎は、早足の名人としても知られ、何人もの飛脚がリレーで運ぶ伊勢―江戸間の手紙を、たった3日で届けたという。このような「神足歩行術」を竹斎より前に会得していたのが忍者だ。1日に200キロも移動できたという。

その歩行術は、①気を丹田に集める「臍《ほぞ》納め」、②腰を緩める「大緩み」、③股と膝を緩める「小きざみ」、④足先を緩める「車さばき」――による。

忍者の歩き方の秘密を探るため、後ろ足で蹴る一般的な歩き方「蹴り動作」と、着地時に膝関節を緩める忍者の歩き方「抜き動作」を比較する測定実験をした。2011年、19～23歳の男子大学生10人に、これら2通りの方法で圧力板の上を歩いてもらい、それぞれ筋肉の活動量と床からの反力を図にした。

その結果、「蹴り動作」に比べ、「抜き動作」は太ももの筋活動量が281%増大するが、より疲れやすい部位である、ふくらはぎの筋活動量は80%に減少。つまり、「抜き」の歩き方は、脚全体の筋疲労がより少ないことがわかった。

また、床からの反力には、地面の真下に向かう力「鉛直分力」と、前後に加わる力「水平分力」があり、鉛直分力は、「蹴り」に比べ「抜き」は最大132％大きく、力に加えた時間をかけた「力積」は84％小さい。

このことは、「抜き」では短時間に大きな力が発揮されることを示している。着地時の水平分力には、最初に制動力がかかり、その後に推進力が加わる。「蹴り」を基準とした「抜き」の制動力は52％、推進力は87％と両者とも小さく、ブレーキの少ない効率的な動きだと判明した。

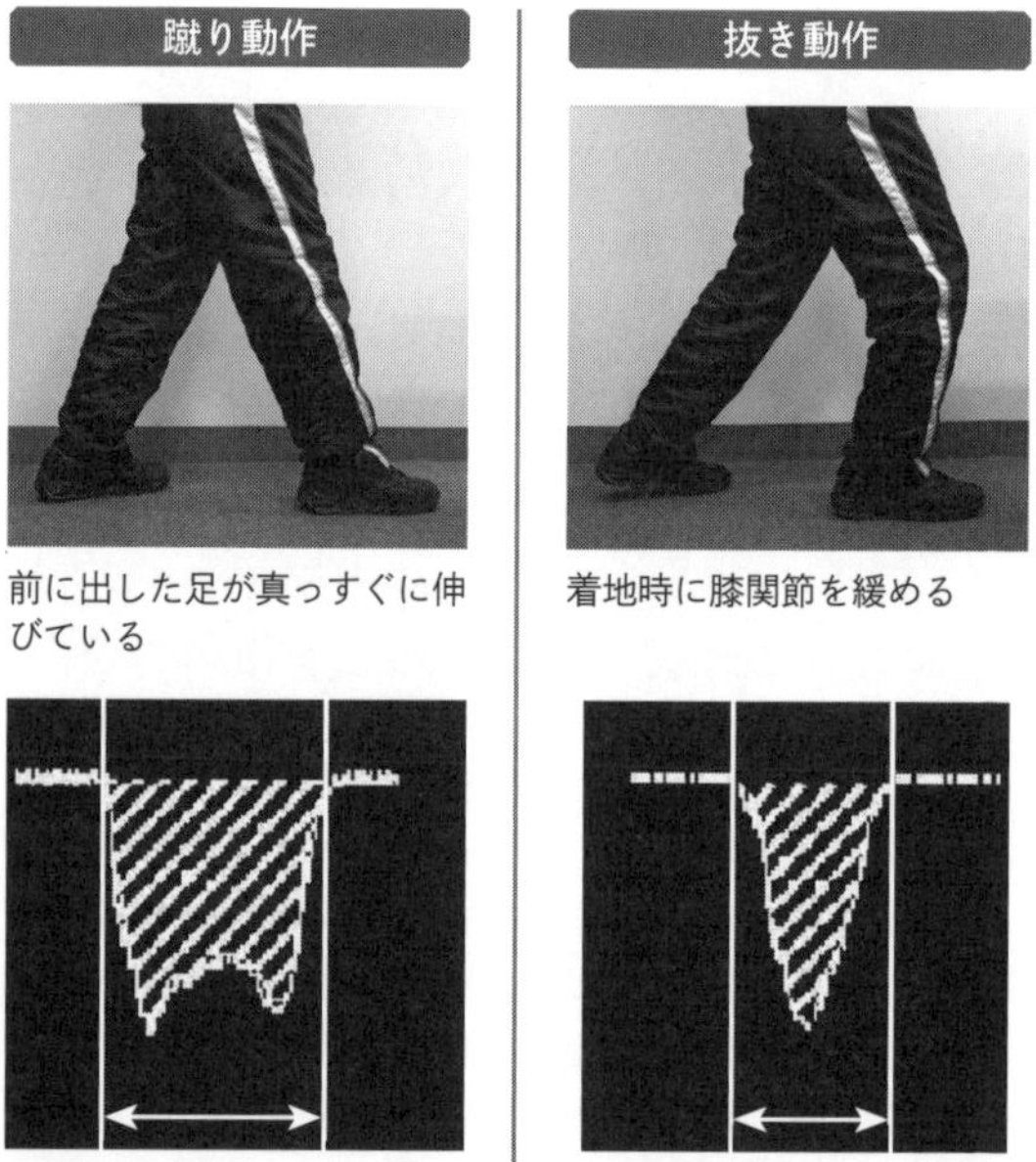

着地時に膝関節を緩める
前に出した足が真っすぐに伸びている
接置時間（鉛直分力の波形）
接置時間（鉛直分力の波形）

さらに、接地時間は「蹴り」が平均0・76秒、「抜き」が同0・62秒で（上図）、「抜き」のほうが0・14秒速かった。これらのことから、忍者が長距離を速く歩けるのは、脚筋の力を抜いた効率的な動きで、疲労を軽減しているおかげといえる。

忍者の歩行術では、「臍納め」「大緩み」「小きざみ」「車さばき」など、脱力による脚の筋肉の伸張反射を利用し、大きな筋力を短時間に発揮した。しかも、脱力で体の重心が下がることによる重力加速度を利用した。まさに巧みな歩行術だったといえよう。

俊敏な動作　重力を利用

忍者にとって素早く動くことは極めて重要だった。素早さは、「反応時間」によって調べることができる。この反応時間とは、音や光の刺激に対して、耳や目の感覚器からの情報を、大脳皮質の知覚領に伝え、連合領を介して運動領から筋に到達するまでの神経伝達時間と、実際に動作を行う筋収縮時間から構成される。

２０１０年に19〜23歳の男子大学生10人を対象として、反応時間を測定した。実験は、被験者に圧力板上で両足を肩幅に開いた立位の準備姿勢を取ってもらい、前方の光刺激に対して、できるだけ素早く右から左に1歩移動する運動課題を与えた（次ページの図）。実験条件は、一般的な動きである右脚の伸展力を使った「蹴り」動作と、右膝関節の脱力による重力を利用した「抜き」動作の2種類を比較した。

動作開始時間、すなわち光刺激から水平分力の立ち上がりまでの時間は、「蹴り」が０・１８２秒、「抜き」が０・１６７秒で、「抜き」が０・０１５秒速い。

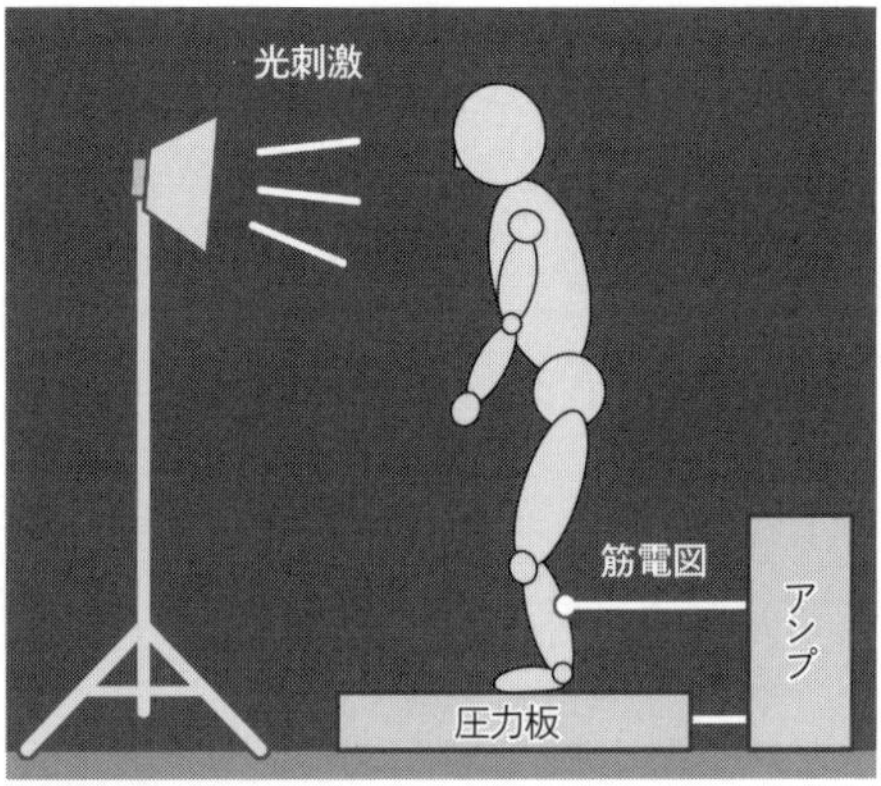

実験模式図

一方、筋放電開始時間、つまり光刺激からふくらはぎの筋が収縮するまでの時間は、「蹴り」が0・156秒、「抜き」が0・306秒。「抜き」が0・15秒遅い。

「蹴り」は、筋収縮の0・026秒後に動作を開始しており、筋収縮によって動作を始める。「抜き」の動作開始は、脱力による重力落下を利用するため、筋収縮による「溜《た》め」がなく、速い。筋に収縮命令が到達すると、これを修正するには多くの時間を要する。

「抜き」の筋収縮開始時間は、「蹴り」に比べ0・15秒遅くなるが、これは、相手の動作を観察して判断するための時間として有効活用できる。

動作時間（水平分力の立ち上がりから離床までの時間）は、「蹴り」が0・620秒、「抜き」が0・559秒で、「抜き」のほうが0・061秒速い。

これを水平分力から分析すると、最大値は「蹴り」が13・3キログラム、「抜き」が

24・6キログラム。筋力上昇率（最大値をその所要時間で除した値）は、「蹴り」が毎秒28・7キログラム、「抜き」が63・4キログラムであり、「抜き」が短時間に強い筋収縮が行われている。

その結果、移動速度（動作開始位置から動作完了位置までの距離を所要時間で割った値）は、「蹴り」が秒速1・13メートル、「抜き」が秒速1・26メートルと速くなる。

「抜き」の動作時間の短縮は、膝関節の脱力を止めると太ももの筋が伸展する伸張反射（筋内の筋紡錘《ぼうすい》が引き伸ばされて収縮する反射）を利用した、強い筋収縮によるものである。

全体の反応時間（光の刺激から水平分力が消失するまでの時間）をみると、「蹴り」が0・801秒、「抜き」が0・726秒であり、「抜き」が0・075秒速い。

この実験で明らかになったのは、左右に速く動きたいときは、進みたい方向とは反対の支持脚を脱力して重力を利用することが大切だということだ。忍者は、このような巧みな動きをしていたのだろう。

全身の関節使い俊敏に

投げる動作やテニスのサーブ、剣道の打撃動作など、物を素早く振り上げて振り下ろす動作がスポーツには数多くある。古武術研究家の甲野善紀氏は、ある目的の動作に対して、身体各部が少しずつ請け負う「井桁《いげた》術理」を提唱している。

井桁とは、井戸の地上部の縁に、上から見て「井」の字形に組んだ木枠のことを指す。物を持ち上げるときに、肩関節だけで行う一般的な動き（ヒンジ＝扉の蝶番《ちょうつがい》）に対し、「井桁術理」は、正方形を平行四辺形に崩す動きだ。

肩関節を伸ばすのと同時に股、膝、足の関節を屈曲させる、重量挙げのスナッチ競技のような動きをする。忍者にとっても、手裏剣の投げや刀の振り上げ、重い物を素早く持ちあげるとき、「井桁術理」を使うと素早く動ける。

２００９年、男子大学生10人を対象に実験。右手に１キロの鉄アレイをぶら下げた立位姿勢から頭上まで、できる限り素早く振り上げさせた。

蝶番のように肩関節のみで振り上げる動作（以下、「ヒンジ」と略す）と、肩関節の振り上げと同時に股、膝、足の関節を屈曲させる動作（以下「井桁」と略す）の２種類を調べる。（次ページの図）

動作は右側からビデオカメラを用い、筋活動は右側の三角筋（腕の挙上筋）・内側広筋（大腿の伸展筋）の筋電図を記録した。

肩関節の振り上げ角度は、「ヒンジ」が１５２・７度、「井桁」が１５４・４度であり、両者は大差なかったが、肩関節の振り上げ最大角速度は、「ヒンジ」が毎秒５１６・２度、

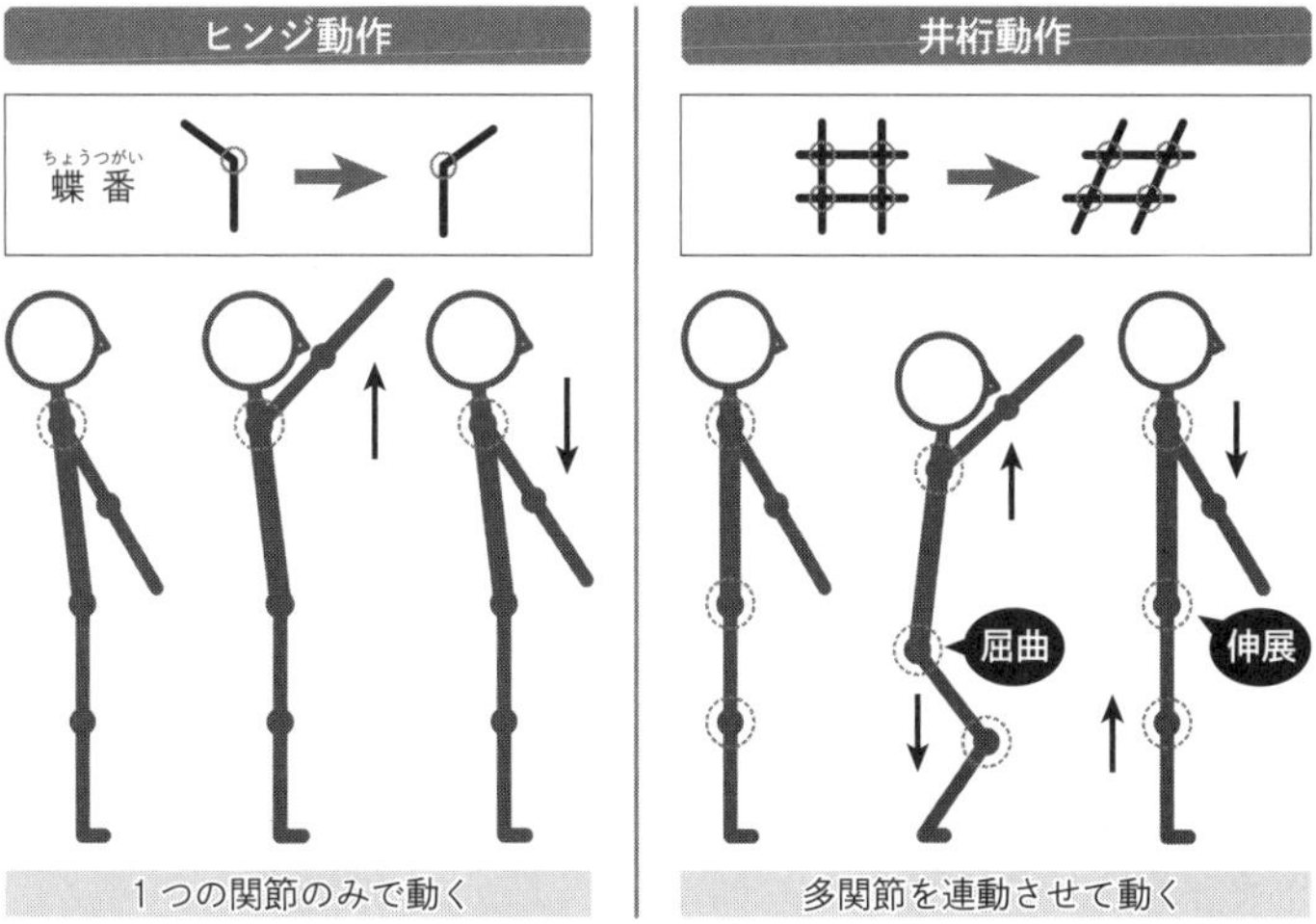

「ヒンジ」と「井桁」の動作の違い

「井桁」が５６１・０度であり、「井桁」のほうが速い。

「ヒンジ」を基準とした「井桁」の筋活動量の相対値は、三角筋が83％と小さく、内側広筋は２０７％と大きくなる。動作時間は「ヒンジ」が１・０８８秒、「井桁」が０・９６８秒であり、「井桁」が０・12秒速い。

「井桁」動作は、上図に示したように、体幹が下方に動くときに腕が上方へ、体幹が上方に動くときに腕が下方に動く〝鞭《むち》動作〟になっているので速い。

この動作の応用として、野球のクイックモーション（投手が投球動作を小さく素早くすることで盗塁を防ぐ投法）について、大学野球部に所属する投手経験のある男子大学生8人を対象に、普段練習しているクイックモーションと「井桁」による投法を比較した。

その結果、球速（マウンドを使用していない）は「ヒンジ」が時速113キロメートル、「井桁」が111キロメートルと両者に大きな差がなかったが、動作時間は「ヒンジ」が0・934秒、「井桁」が0・755秒であり、「井桁」が0・179秒も短縮する素早い動作になった。

以上のことから、「井桁」は「ヒンジ」に比較して、肩関節の角速度増大によって動作時間を短縮させ、痛めやすい肩関節の負担を軽減する動作であることがわかる。また、スポーツ以外の日常生活においても、重いものを持ち上げるときに肩関節だけで行うのではなく、全身の関節で行う「井桁」を利用すると、安全で素早く楽な動作になる。

膝の力抜けば圧力増す

武道をはじめ身体接触のプレーがあるスポーツでは、相手を押す、相手の体当たりを受けることが多い。古武術研究家の甲野善紀氏は、1本の棒を2人で押しあうときに、一方が膝関節を脱力させ、体重を宙に浮かせて相手を押すと、一般的な筋力による「押し」よりも、はるかに大きな力を発揮できることを映像で紹介している。

また、タックルを受ける際、両脚を踏ん張って受けると衝撃に対処できず、支点である足を中心に、円を描くようにはね飛ばされる。しかし、タックルを受ける瞬間に、膝の力を抜いて体を宙に浮かせることで、体勢を崩さず、わずかに体が後方に移動するだけで対応できるとしている。

２０１０年、男子大学生10人を対象に押し動作について実験を行った。被験者は脚を前後に開き、胸の前で腕組みをした状態から、全力で下肢筋力を発揮させて、前方へ押す（以下「蹴り」と略す）動作を行わせる。続いて、一瞬の脱力後に押す（以下「抜き」と略す）動作の圧力を比較した。

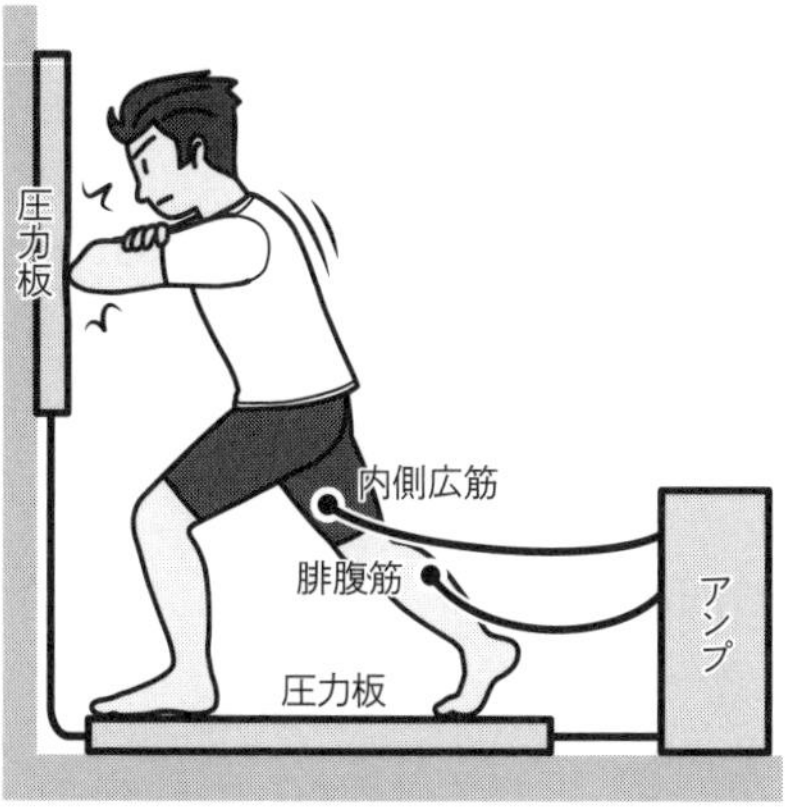

圧力と筋活動の記録装置

前面には圧力板を垂直に立てて前方の力と下向きの力を、床には圧力板を設置して鉛直分力を測定した。右脚の内側広筋（膝関節の伸展筋）と腓《ひ》腹《ふく》筋（ふくらはぎ、足関節の底屈筋）には筋活動が記録できるようにした。（上図）

記録例をみると、「抜き」では筋放電（内側広筋と腓腹筋）は脱力によって消失し、抜重（宙に浮く）による鉛直分力の減少にもかかわらず、前方分力は「蹴り」の値よりも増加し、その後の下肢筋力発揮に伴う床反力の加重によってさらに増加している。

数値を比較すると、前方分力の最大値は「蹴り」が18・2キログラム、「抜き」が29・3キログラム。「抜き」が「蹴り」の1・61倍、下方分力の最大値は「蹴り」が2・2キログラム、「抜き」が3・7キログラムで、「抜き」が「蹴り」の1・68倍に増加する。

鉛直分力の最大値は「蹴り」が75・5キログラム、「抜き」が100キログラムで、「抜き」が「蹴り」の1・32倍に増加する。

学生の体重は静止状態では平均68・1キログラムだが、膝関節を脱力して重心を落下させると軽くなり、落下を止めると増加する。走り幅跳びの踏み切りでは、体重の10倍にも達することがある。また、脱力後の筋活動量は、「抜き」の内側広筋が「蹴り」の2・94倍、腓腹筋が1・57倍に増加した。

相手に体当たりするときや、相手の体当たりを受けた瞬間に、膝関節を緩めると、まず自分の体重が相手に伝わり、脱力後の踏ん張りによって、下肢に伸張反射（筋が引き伸ばされると収縮する反射）が発生し、2段階の圧力が相手に加わる。

このため、相手は想定外の圧力を受けるので、体勢が崩れる。相撲における「がぶり寄り」は、この脱力と伸張反射の筋収縮を繰り返すことを利用した技であろう。

武道や対戦相手と接触するコンタクトスポーツでは、筋力のみに頼らず体重を有効利用することで2倍近い圧力が加わり、運動成果が格段に向上することが期待できる。

コラム3
柔軟さ　強さの秘訣

山田雄司

忍びの仕事は、型にはまっていては身動きがとれず、いつ何時、何が起こっても対応できるような柔軟性が必要だった。近松茂矩《しげのり》の『用間加條伝目口義』第三「風ニ乗ルノ伝」には、以下のように記されている。

風ニ形ナシ、忍ニ定ル形ナシ、何ニナリトモ其時ノ宜ニ随フテ形ヲカヘテ入ヘシ――

秘伝曰、風ノ形ヲ見トメルコトナシ、忍ノ術モ見トメラレヌヤウニ変化スヘシ――

風に形がないのと同じように、忍びには定まった形はなく、時と場合に応じて形を変えて忍び込むことが必要だとしている。

また、風の形を見られないのと同じように、忍びの術も認識できないように変化させなければいけないと戒めている。

こうした思想と通じるのが、剣術家宮本武蔵の『五輪書』にある「水を本として心を水になす也。水は方円の器に随《したが》ひ、一滴となり、蒼海《そうかい》となる――」という一文である。

水は、器が四角ならば四角に、円ならば円に変わる。水はわずか一滴となることもあれば、広大な蒼海にもなる。これと同じように、戦いのあり方も固定化していてはならず、時と場合に応じて対応することが重要だとしている。

武蔵は、各流派独自の技術や動作は特定の状況下でしか能力を発揮できず、また想定内の相手にしか通用しないため、実戦では役立たないことを説いている。

これと同じことは、アクションスターで武術家だったブルース・リーも述べている。型とは人を成長させるために必要なものだが、修得したら型を超えるべく努力し、自らの個性を伸ばすべきだとする。さらに、硬直したものは砕けやすく、力強いものは転げ落ちるのであるから、水のように、たおやかであるべきだと言っている。

こうした考え方は、忍者や武術の世界だけでなく、われわれの日常生活においても大切にしなければいけない考え方ではないかと思う。

第四章

芭蕉忍者説を疑う

吉丸雄哉

［日本近世文学］
三重大学人文学部教授

吉丸雄哉
三重大学人文学部教授
1973年生まれ。東京大学大学院人文社会系研究科博士課程単位取得満期退学。博士（文学）。三重大学人文学部教授および同大学国際忍者研究センター兼務教員。

どのように生まれたのか

「芭蕉は忍者ですか？」。伊賀、伊勢の読者の皆さんは、他県の人から、一度は、こう聞かれたことがあるのではないだろうか。

私は松尾芭蕉や俳諧の研究者ではないが、江戸時代の小説を研究しているので頻繁に聞かれる。私は芭蕉忍者説の否定派。その都度「いいえ、芭蕉は忍者ではありません」ときっぱりと答えている。

芭蕉が忍者ではないのであれば、さて、芭蕉忍者説はいったいどこで発生し、ここまで伝播《でんぱ》していったのだろうか。

芭蕉忍者説を唱えた最初の書物は、私の知る限り、松本清張・樋口清之『東京の旅』（光文社、１９６６年）である。松本清張（１９０９～92年）は有名な小説家。一方の樋口清之（１９０９～97年）は考古学を専門とする國學院大学教授である。生涯に３００冊を超える著書があり、その多くが一般向けの歴史啓蒙《けいもう》書であった。

『東京の旅』は、東京の名所や史跡を紹介する本。「深川」の項に「俳聖が表看板の忍者か　芭蕉」のサブタイトルがついている。芭蕉の伊賀出奔、深川大火時の川への飛び込み、諸国遍歴の目的、旅行の財源、旅の健脚、大坂での最期……。すべて「特定の秘密任務を

伊賀鉄道上野市駅前にある松尾芭蕉の立像

帯びた忍者」であるためか、という疑義を挟んでいる。それでも、「今日のところ証拠不十分」とも記している。

芭蕉忍者説に限らず、忍者に関する虚説はさまざまある。その発生と伝播の例を観察してみると、面白いことがわかる。

虚説は、最初に言った人が自分で熱心に広めることは少ない。その説に強く共感した人間が、色を付けながら、広めていくことが多いのである。

芭蕉忍者説も同じで、松本や樋口が熱心に広めたわけではない。文芸評論家の尾崎秀樹《ほつき》（1928〜99年）が、この芭蕉忍者説を何度も採り上げ、臆測に過ぎなかった説の強化と説得に努めたのである。

『東京の旅』刊行から、わずか50年で、ここまで広まったのは驚きだ。その過程を述べたい。

芭蕉忍者説　尾崎広める

松本と樋口はその後、芭蕉忍者説を主張することはなかった。代わりに、芭蕉忍者説の普及につとめたのは文芸評論家の尾崎秀樹であった。『歴史の旅路』（日本交通公社刊、69年）の「芭蕉も忍者か？」以降、尾崎は繰り返し芭蕉忍者説を主張していく。その根拠として芭蕉の母親の血筋を挙げたのは、尾崎が初めてだった。

尾崎は大衆文学の評論を得意とし、晩年は日本ペンクラブ会長を務めた。忍者研究では、足立巻一・山田宗睦との共著『忍法　現代人はなぜ忍者にあこがれるか』（三一書房刊、64年）がある。

尾崎は、戦時中の大型スパイ事件である「ゾルゲ事件」に関与した尾崎秀実《ほつみ》の異母弟であり、『生きているユダ』（59年）を皮切りに、ゾルゲ事件に関する書籍を多く著した。先述の「忍法」での執筆分担がわからないのだが、同書には「スパイへの招待」という章がある。尾崎が芭蕉忍者説に反応したのも、ある種、必然であった。

80年代まで『歴史読本』など歴史雑誌の忍者特集では、現代の忍者としてスパイを紹介する章が常にあった。忍者・忍術とスパイの関係に言及したものでは、古くは、陸軍中野学校の教諭でもあった藤田西湖の著書に『忍術からスパイ戦へ』（42年）がある。

忍者が世界的に知られるきっかけとなった映画『００７は二度死ぬ』（67年）は、もちろんスパイ映画である。89年の冷戦終結以降の歴史雑誌は、スパイと忍者を比較するような文章が激減する。忍者・忍術からスパイ術を学ばなくてよい世の中は幸いである。

推理小説に芭蕉忍者説

尾崎のような市井の忍者研究者以外に芭蕉忍者説の流布に貢献したのは、この説に基づいた創作である。その最初は斎藤栄著『奥の細道殺人事件』(光文社、70年)であろう。斎藤栄(33年〜)は推理小説家で、最盛期には年に20作以上書いたが、71年までは公務員との二足の草鞋《わらじ》。『奥の細道殺人事件』は、公務員兼業時の執筆である。最初の光文社以外に、6回も再版されており、よく読まれた作品といえる。

その内容は、芭蕉研究者の大学講師・三浦八郎が公害で息子を亡くし、原因となった工場長の田辺が非を認めなかったため、三浦の妻が憤死する。その後、田辺は変死体で発見され、三浦は殺害を告白した遺書を残して自殺するが、犯人のはずの三浦にはアリバイがあり、真犯人を求めて刑事ふたりが捜査する現代ミステリーだ。

『東京の旅』と同じく光文社からの出版で、編集者からアイデアの提供があったのかもしれない。三浦は大塚にある東陽大学の講師で東北大学出身という設定である。現実の芭蕉研究者で忍者説を唱える人はいないが、モデルがあるのか、同業者として気になるところ。

場所と名前からすれば、大塚のとなりの白山にある東洋大学はまず疑ってみたい。

村松友次（1921〜2009年）は、このとき東洋大学短期大学の教員であった。村松は芭蕉忍者説を検討し、曽良《そら》隠密説とでもいうべき見解を導き出したが、村松が芭蕉忍者説の検討を開始したのは1975年である。『奥の細道殺人事件』刊行時には、芭蕉忍者説に関係する学者とは思われていなかった。

村松は東洋大学の出身で東北大学ではないが、東北大学は三浦が東北に詳しいという理由づけで選ばれたと思われ、東北大学出かは重要でなさそうだ。芭蕉研究者三浦にモデルがあるのか。村松に似たのは偶然か。斎藤栄が存命なので、本人に聞けば事実が判明するだろうが、とりあえず偶然だと考えておく。

旅の目的　仙台藩視察説

『奥の細道殺人事件』は時代小説ではなく、芭蕉忍者説を唱える大学講師三浦八郎が中心人物の現代ミステリーだ。息子と妻を工場の落ち度で亡くした三浦が工場長殺害の犯人と疑われるものの、自殺した三浦はアリバイがあり、刑事による真犯人捜しが展開する。

作中で三浦が述べる芭蕉忍者説は、すでに世に出ていた松本清張・樋口清之や尾崎秀樹の説と同じで、芭蕉の健脚や両親の出自を基に忍者とみなすものである。

斎藤の独自説では、茸《きのこ》の食中毒で亡くなった（これも一説）芭蕉が服毒自殺を強制されたとみるものだが、これは三浦の自殺と合わせるためだろう。作中で大きな役割を果たす『曽良随行日記』（曽良旅日記）は実在するが、『おくのほそ道』の秘密を解く暗号を含むその清書本が甲州に残るとしたのは創作である。

斎藤の大きな手柄といえば、それ以前はあやふやにしか考察されていなかった『おくのほそ道』の旅の目的を明確に設定したことである。まず、仙台藩の視察が大きな目的という仮説を提示し、実際には水戸藩・徳川光圀の命を受けて、東廻《まわ》り航路の重要港の実情と、それに結びつく河川利用の実態を調査したのが旅の真相とした。

仙台藩の日光工事の視察説を除けば、のちの『おくのほそ道』に関する芭蕉忍者説の多くが、斎藤説とどこか重なる。小説ながら『奥の細道殺人事件』の登場によって芭蕉忍者説が完成したといえよう。

若い斎藤が力を入れた本作はトリックが過剰なまでに仕組まれ、ミステリーとして秀作だと思う。ただし、三浦の唱える説は、きちんと見ていくと根拠が間違いだらけである。三浦の説に冷淡な刑事も出てくることや、三浦を偏執的な人物とする描き方からすると、斎藤自身は芭蕉忍者説を架空の本の補助がなければ成り立たないほど、実際には無理があると考えていたのかもしれない。

芭蕉の父　忍びにあらず

「芭蕉忍者説」が、松本清張と樋口清之により提唱された説だとして、もし真実だと証明できるのなら、それは発見と言えるだろう。しかし実際には、芭蕉忍者説は成立しようがない妄説である。以下、芭蕉忍者説を芭蕉の出自と行動の両面から検証していく。

芭蕉翁生家（2018年３月、伊賀市上野赤坂町にて）

芭蕉の出自は『俳文学大辞典』の「芭蕉」の項では、国文学者の尾形仂《つとむ》が以下のように記している。

「伊賀国阿拝郡小田郷上野赤坂の郷士《ごうし》松尾与左衛門の次男に生まれる。生家は伊賀平氏の末流で、中世南伊賀に有力集団を結党した在地土豪の後裔《こうえい》として藩政期に無足人（無給の准士分）に編入された松尾氏の支族と推定される」

ここで、芭蕉の父の与左衛門が居を構えた上野赤坂が、当時は農人町と呼ばれていたことが重要だ。居住地が身分と密接な江戸時代では、それが与左衛門が「農民」だった証しとなる。

かつては「芭蕉は無足人だから忍者」と言えば、藤堂藩における無足人の実態がよくわかっていなかったので、煙《けむ》に巻けただろう。しかし、無足人は「武具帯刀を免許された在村の藩士」で、忍びの者である「伊賀者」とはまったくの別身分であることが、その後の研究で判明してきた。

芭蕉の父、与左衛門は無足人の流れをくむが、先述のように無足人ではなく、「農民」であった。もし仮に与左衛門が無足人であっても、忍びの者の「伊賀者」ではないので、与左衛門も芭蕉も、忍術を身につける必要も機会もない。

そこで、別資料から、芭蕉の母の出自を、名張や喰代《ほうじろ》の百地氏と関連づける説が出てきた。しかし、判断となる史料の信憑性が低いうえ、そもそも、その程度の関係で、忍術が身につけられるとみるのは忍び・忍術への冒瀆だろう。

芭蕉を武士の生まれとみなすのも、忍びと関係づけるのも、芭蕉の地位を高めようという意図だろうが、無用なおせっかいなのである。

脚力は普通だった

〝芭蕉忍者説〟では、数えで46歳になる松尾芭蕉が健脚で「奥の細道」の旅をできたのは、芭蕉が鍛えられた忍者だったからとするものが多い。ここで実際に旅程を検討してみる。「奥の細道」の旅程は、芭蕉の記した『おくのほそ道』よりも、随行者・曽良の残した日記（曽良旅日記）に拠《よ》るべきである。幸いにして、詳細に検討した金森敦子著『「曽良旅日記」を読む』（２０１３年）があり、それにもとづいて次のデータを記す。

「奥の細道」の旅は、総行程４５０里（約１７６８キロ）、日数１５６日間で、移動日の平均距離は7里半（約30キロ）だったという。1日に40キロ以上歩いた日が7日ある。このうち長いのは8月8日の森田―今庄間が48キロほど、5月4日白石―仙台国分町間が51キロほどであった。

江戸時代の男性の平均歩行距離は1日10里（約39・3キロ）といわれる。東海道（日本橋から三条大橋）１２４里8丁（約４８８・１キロ）を12泊13日で歩く旅が標準で、これは1日で37・54キロである。

伊賀者の歩行術といわれる不及流歩術で1日１６０キロ、神速歩行術を身につけていた伊勢・射和《いざわ》の商人、竹川竹斎が1日１５０キロを歩いたそうで、このくらい歩けば忍者といえるだろうが、芭蕉は、長く歩いた日でも、平均男性の3割増しに過ぎない。つまり芭蕉は驚くほどの脚力の持ち主というわけではなく、健脚に基づく忍者説は成り立たない。

芭蕉は、死後半世紀のうちに神格化され、芭蕉説話ともいうべき虚構性の強い逸話が量産された。にもかかわらず、速歩の忍術を使って忘れ物を取ってきたり、隠形《おんぎょう》の術を使って家に忍び入って人を驚かしたりするような、よくあるパターンの忍術説話が芭蕉には存在しない。あること、ないことが書かれている芭蕉に、忍術を使った話が一切ないことは重視すべきであろう。

芭蕉＝隠密説　確証なし

芭蕉忍者説は１９６６年に作家の松本清張と考古学者の樋口清之が言い出したもので、説の内容を丁寧に検証すれば、芭蕉が忍術を学ぶ家柄でも育ちでもなく、忍術を使った形跡もなければ、脚力も人並みであったことは容易に理解できる。

そのため、芭蕉が忍術を身につけた忍びであるという説は下火になったが、芭蕉が隠密――今でいうところのスパイだったとする説は残った。芭蕉が誰かから密命を受けて各地を巡っていたとみるのである。

もしそれが本当ならば、芭蕉の旅は文字通りの隠密旅行になったはずである。しかし、芭蕉は奥の細道の旅の計画を事前に兄の半左衛門や門人桐葉に伝えており、旅の途上でも李晨《りしん》、杉風《さんぷう》、何云《かうん》、呂丸《ろがん》らに手紙を出している。

旅が終わったあとも、旅にまつわる内容を記した手紙を書いている。そもそも旅の体験を『おくのほそ道』として残してしまっては秘密も何もないだろう。

芭蕉ではなく、随行者の曽良こそ隠密であり、幕府に関係のあった杉風が資金を用意し、日光工事を請け負った伊達藩の働きを視察するのが本来の目的であったとする「曽良隠密説」を、芭蕉研究者の村松友次が唱えていた。

曽良は晩年に九州方面の幕府巡見使という地方の施政・民情を査察する役職についており、幕府とのつながりも想定できるが、奥の細道の旅の目的が伊達藩の日光工事や所領の視察ならば、わざわざ日本海側を旅する理由がなくなってしまう。

最近では岡本聡『芭蕉忍者説再考』（２０１８年）のように、奥の細道の旅に限らずその生涯から、芭蕉が伊賀を離れたあとも藤堂藩の命によって幕府に必要な情報を集めていたとする説が登場している。

芭蕉の人物交流が従来とは違った面から検討された点では興味深いが、任務に関わる直接の証拠がなく、状況証拠のみで組み立てられた論は、やはり無理があるとしか言いようがない。

芭蕉俗説　創作に影響

芭蕉忍者説を、ここまで丁寧に検証してきたが、残念ながら、人は真実よりも信じたいものを信じるようで、いかに反論しても、芭蕉忍者説をこの世から払拭することは難しいだろう。反証は十分に行ったので、芭蕉忍者説を扱うのは以上にするが、私はもともと文学というフィクションを研究してきたので、創作で忍者「芭蕉」がどう表象されているのか、最後に考察してみたい。

２００７年公開の香港・日本・中国の合作映画『終局忍者』（邦題・忍者）は、世界を滅ぼすワクチンをめぐって、伊賀忍者と甲賀忍者が争いを繰り広げる。甲賀忍者「中忍」役に起用された、K－1選手として有名な魔裟斗の派手なアクションが見どころだが、設定は、中国の武俠《ぶきょう》小説の基本構造を忍者に置き換えたもので、舞台も中国である。ここに忍者「芭蕉」が登場する。

伊賀流の老「中忍」で、霧隠村で10年の隠居生活を送っていたが、世界の危機を救うために村を出て、魔裟斗ら悪の忍者と戦うのである。映画では、公開当時57歳の中国人俳優・高雄（エディ・コー）が演じている。

最近では、15年2月から1年間、テレビ朝日系列で放送された特撮テレビドラマ『手裏剣戦隊ニンニンジャー』が該当する。スーパー戦隊シリーズの39作目で、忍者をテーマにしたものは、『忍者戦隊カクレンジャー』（１９９４・95年）・『忍風戦隊ハリケンジャー』（２００２・03年）に続き3作目にあたる。忍術を身につけた手裏剣戦隊ニンニンジャーの

5人が悪の妖怪軍団と戦う内容で、メンバーの一人、キニンジャーの変身前の名前が「松尾凪《なぎ》」である。

メンバー最年少の16歳だが、常識人で、将来は公務員を目指し、資格マニアという設定である。忍者名でいえば、服部・藤林・風間（風魔）・石川・猿飛・霧隠など、有名どころがまだあるなかで、「松尾」が選ばれたのは「松尾芭蕉」を意識したのに間違いない。

芭蕉忍者説の浸透の度合いからすると、これからも知的で落ち着いた忍者をフィクションに登場させる場合に、イメージを利用して「芭蕉」の名がつけられることがあるだろう。

コラム4
猫の瞳で時刻知った？

山田雄司

忍者はさまざまな知恵を有していたが、その一つが時刻を読みとる術である。昼間は太陽の方向、夜は月や星の方向によって時刻をはかり、さらには猫の瞳から時刻を読みとる術も伝えられている。

忍術書『万川集海』には、「猫眼歌ニ、六ツ丸ク五八ハタマコ四ツ七ツ柿ノ実ニテ九ツハ針」という、猫の目の瞳孔の大きさによって時刻を知る歌が収載されている。

しかしこれは誤りで、正しくは「六ツ丸ク五七ハ卵四ツ八ツ柿ノ実ニテ九ツハ針」。つまり、猫の瞳は6時、18時は丸く、8時、16時は卵形、10時、14時は柿の実形、12時は針形であるはずで、江戸時代後期に編纂《さん》された辞書『和訓栞』には正しく記されている。

一方、1787年成立のことわざ集である松葉軒東井《しょうようけんとうせい》編『たとへづくし』には、「六ツ円ク五八卯ニ四ツ七ツ柿ノ実也九ツハ針」とあるので、こうした歌も流布していたのだろう。

猫の瞳の大きさの変化については、唐の随筆集『酉陽雑俎《ゆうようざっそ》』に見え、朝と夕方は丸く、昼は縦に細くなって線のようになることが記されている。それが日本にも伝わり、室町時代の百科事典『塵添壒嚢鈔《じんてんあいのうしょう》』には、「旦《あした》ト暮《ゆう》ベト目《め》晴円《はれまるし》、午ノ時ハ細クシテ如線《せんのごとし》ト云《いえ》リ」と記される。

注意したいのは、この頃はまだ具体的な時刻については述べられていないということである。それが明代の李時珍編『本草綱目』になると、猫の目の時刻による変化が記されており、日本でもその影響によって、時刻による変化が言われるようになったのだろう。

現在、鹿児島市の島津家別邸「仙巌園」には、猫神神社が鎮座している。この神社は、文禄・慶長の役の際、島津義弘が時刻を知るために7匹の猫を連れて朝鮮に渡り、帰国後、猫神として祀《まつ》ったとされる。猫の瞳を見て時刻を知ることがどれだけ有効だったかわからないが、時刻を知るうえで、忍者が一役買っていたのかもしれないと思うと興味深い。

第五章
のろしを分析してみる

加藤 進
［環境質分析・評価］
元・三重大学伊賀研究拠点研究員・
産学官連携アドバイザー

加藤　進
元・三重大学伊賀研究拠点研究員・産学官連携アドバイザー
１９４９年生まれ。金沢大学大学院自然科学研究科修了。博士（工学）。三重県職員として東アジア途上国の環境問題に取り組む。早期退職して三重大学伊賀研究拠点に移り、烽火の研究を始め、山城（中世）の訪問を開始。

材料はヨモギが最良

忍者が夜な夜な活動した昔、遠距離間の通信方法として「のろし」が使われたと、一般には思われている。しかし、のろしで送れる情報は「煙あり」「煙なし」の2通りしかなく、その情報量は少ない。天候や時刻に左右されることを考えれば、情報伝達の手段としては確実性も低い。「忍者は本当にのろしを使ったのか」。そんな疑問から研究を始めた。

伊賀市には、伝承も含めて複数ののろし台が現存する。大峯山（荒木）、南宮山（一之宮）、田中氏城跡（中友生）、さらに、服部半蔵らがのろしを上げたといわれる御斎峠（西山）などである。

各のろし台に実際に登ってみると、木々が生い茂った大峯山や田中氏城跡を除けば、見晴らしは良好。のろし台は情報伝達のため、見通しを考慮して設置されたのだ。

この意味から「のろしのネットワーク」への興味が湧いてくる。先に述べた南宮山―大峯山―田中氏城跡を並べた立体模型を横から見ると、眺望を遮る山はなく、のろしの情報が真っすぐ到達することがわかる。

各のろし台の大きさを実測した。直径は約2～4メートル。大半が円形で、まれに方形もあり、周囲を土塁で囲んでいる場合が多い。

伊賀市の立体模型。星印は左から、南宮山、大峯山、田中氏城跡から上げたのろしを示す

大峯山ののろし台は2基。直径が大きなほうは遠距離用、小さなほうは近距離用らしい。土で埋もれて当時の深さはわからないが、現在の深さは50～80センチ。江戸時代には石を積んで空気を吸い込みやすくする工夫をし、煙の濃度を高めたようだ。

　のろしの材料は忍術書『万川集海』などにヨモギ、藁《わら》、松、杉、ヒノキ、オオカミの糞《ふん》と記載されている。常緑樹の松、ヒノキ、杉は可燃性の油分を含み、含水率は50％程度と共通した特徴がある。含水率は白い煙を発生させる重要な因子。材料がたちまち燃えてしまうと、のろしの意味がなく、「長くくすぶる」状態が必要だ。

　私は、山開きの儀式で煙が薄くなると、のろし台に水をかけて煙の濃度を上げる山伏の姿をしばしば目撃した。ヨモギや藁は乾燥したものを使うが、藁には着火剤のような効果が期待できる。

　これらの材料に火をつけて煙を発生させ、照度センサーを利用して煙の濃度を測定した。

すると、ヨモギが最も優れ、松、杉、ヒノキが同程度で続き、雑木が最も劣った。ヨモギは、煙の濃度を上げる効果が期待できたといえる。

実験で煙を出すには生木で1キロもあれば十分だ。しかし、煙を実際に約15分間上げるだけでも、相当量の材料が必要となる。とても忍者が携帯できる量ではない。

のろし　戦に使いにくい？

のろしは、どれくらい離れて見えただろうか。1937年（昭和12年）、現在の伊賀市緑ケ丘本町にあった旧・上野測候所で朝、昼、夕の3回計測された視程（目視できる距離）のデータがある。分析すると、上野では朝は見通せる距離が短いが、昼からやや長くなることがわかる。朝に短いのは、上野特有の霧の発生によるとみられる。最長10キロほど見えていたようだ。

実際に、かつてのろしが上げられた場所ではどうか。私は、松阪市大阿坂町の白米城跡（標高312メートル）で発煙筒をたき、10キロ離れた同市嬉野小原町の髭山《ひげやま》から観察する実験をした。しっかり視認でき、最長視程は12キロ。また、滋賀県米原市の鎌刃《かまは》城跡の実測結果では14キロだった。

当日の気象条件にもよるが、おおむね10〜14キロが妥当な視認距離だろう。しかし、これは「見えるかどうか」に重点を置いた実験で、情報伝達という意味では、10～14キロは遠すぎると思われる。

「大宝律令」にある「軍防令」などには「複数ののろし釜を準備せよ。平時の通信は1本、異常時には複数本ののろしを上げよ」とある。軍防令では同一地点に複数ののろし釜を置く場合、45メートル程度の間隔を空ける。従って、3基の釜を置くには100メートル以上の平らな土地が必要になる。

のろしは20キロも離れれば見るのが難しくなるうえ、風が吹けば、複数の煙を確認するのはさらに困難。古文書の記載にも疑問を抱かざるを得ない。釜を3連立てにすれば、より大量の材料が必要で、とても携帯できる量ではない。

のろしは「狼煙」と表記する場合もある。これは、オオカミの糞を利用すると煙が高く上がり、風が吹いても流れないためとされる。ニホンオオカミの流れをくむオオカミ、イノシシ、鹿、牛の糞を採取し、燃焼に関係ありそうな金属元素を分析した。

結果、含有量に大きな差異は認められなかった。

最後の疑問は「のろしはいつ上げるのか」ということ。一般的に「緊急時」と思われがちだ。だが、のろしを上げるには火床（火種）、材料、場所、人員を確保しなければならず、多額の経費がかかるうえ、先述した天候の制限もある。

さらに、のろしは天空に上がるから、大事な情報が敵にも伝わってしまう。戦乱が起これば、焼き打ちなどによって至る所から煙が上がるので、のろしと単なる煙の区別はつかない。

そう考えると、のろしは戦乱が収まった時点で、ようやく意味のある伝達手法となる。実験を重ね、考えれば考えるほど、のろしのイメージは忍者から離れていった。

のろしは修験道と密接

次に、伊勢国司・北畠氏が使ったと伝わるのろしルートを検証してみる。一志郡史や嬉野町史には「霧山城跡―髭山―黒米城跡―堀坂山―白米城跡」がルートとして記されている。

この5地点を地図に落とし込み、距離を測定すると、前に述べた可視範囲内にあり、実際に利用された可能性が高いとわかる。しかし、霧山城跡―髭山の距離は7キロとやや遠く、のろしの通信が確実に行われたのか、疑問が残る。

そこで、両地点間で適当な高さを持った中継点がないかを探してみた。すると、霧山城跡の東北東にある雨乞山《あまごいやま》（698メートル）を発見した。さっそく見晴らし調査をしようと現地に赴いた。雨乞山の頂上は平坦だが、高い木立に遮られて視界がまったく開けてお

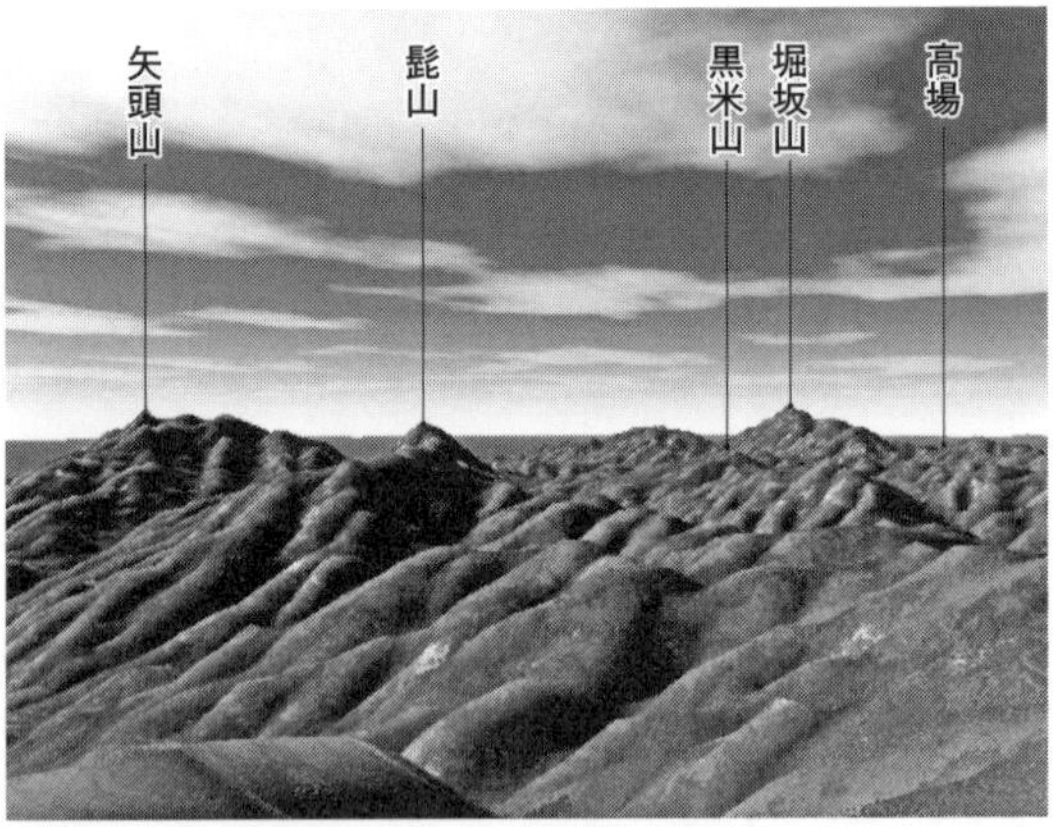

雨乞山から見た髭山（CG）

らず、眺望は検証できなかった。

そこで、登山計画の立案などに利用される「カシミール3D」というソフトを使ってみた。このソフトで任意の2点を入力すれば、視界を遮る地点の有無がわかる。さらに、山に登らなくとも、遠景を写真に撮ったようにコンピューターグラフィックス（CG）で図を描ける。

このソフトを使って得られたのが上図。実際の写真と同様に、髭山が描かれている。

上図で雨乞山から髭山の方向を見ると、雨乞山から3・6キロ離れた髭山はもとより、6キロ先の矢頭山（730メートル）と黒米山（540メートル）、9・9キロ先の堀坂山（757メートル）、7・8キロ先の高場（495メートル）など、すべてののろし中継地点が雨乞山から見えることがわかった。

このことは、雨乞山を中間点として入れることにより、霧山城跡―髭山の距離を半減でき、その結果、情報伝達の確実性が増すことがわかった。

なお、雨乞山麓から頂上への当時の経路はどうだっただろうか。登り口の白口峠には番所跡などがあり、そこから尾根沿いに頂上まで約１・５キロ。実際に歩いてみると、１時間弱で登頂できた。交通経路の点からみても、雨乞山を髭山へののろし中継点として利用した可能性は高いと思われる。

尾根を利用して山の頂上に登るのが得意なのは、忍者に限らない。北畠氏は、「山伏」を重用したといわれる。行場の開山式・閉山式の護摩供養でみられる「かがり火」などは、通信技術だったのろしの変形とも考えられる。

密接な関係があるとされる修験道（山伏）と忍者も、のろしの研究でより結びつきが裏付けられるようだ。

自然熟知が不可欠

忍者の通信手段として長らく認知されてきた「のろし」。しかし、実験を重ねていくと、のろしは忍者にとって効率的で確実な通信手段ではなかったのではないか、と思えてくる。

最初の実験は２０１６年2月16日、松阪市の白米城跡（標高３１２メートル）で発煙筒をたき、何キロ先から見えるかを確かめる「視認距離」の調査だった。

2回目の実験は翌年2月16日、同城跡と3キロ離れた松阪市伊勢寺町（同30メートル）の両地点でのろしを上げ、情報交換できるかどうかを調べる「双方向通信」を試みた。実験には松阪山城会15人と伊勢寺地区住民協議会7人が参加。綿密にタイムスケジュールを打ち合わせ、白米城跡側に山城会、伊勢寺側に協議会と分かれて配置についた。

①午前9時、白米城跡でのろしを10分間上げる
②確認後、9時10分から伊勢寺側から応答ののろしを10分間上げる
③確認が取れなければ、9時20分から再度、伊勢寺側から応答ののろしを上げる
④これを白米城跡から確認する

肉眼、双眼鏡、携帯電話を利用して連絡をとり、実際に実験を行うと、9時20分過ぎに応答ののろしを確認できた。伊勢寺側からの応答ののろしは、1回目は発煙筒2本を使ったが、白米城跡側から確認しにくく、次に発煙筒を倍の4本にし、煙の体積を大きくして、ようやく確認できた。

伊勢寺側の応答ののろしが見えにくかったのは、両地点の標高差が282メートルもあったことが一因だ。さらに、白米城跡から野焼きと思われる煙が数本立ち上っていて、のろしとほかの煙の判別もつきにくかった。

大宝律令に続き、757年（天平宝字元年）に施行された養老律令にも、野火による類

焼の注意が記されている。その中の軍防令第75条では、のろしの設置場所の周囲2里（約8キロ）以内で、みだりに烟火《えんか》を放つのを禁止する記述がある。おそらく、のろし通信の確実性を増すためだったと考えられる。

実験当日が曇り空だったことも、見えにくかった原因の一つだ。煙と空の色が似て、識別が難しかった。発煙筒の煙は白色で、まだ見えやすいが、杉、ヒノキ、松などを材料とした実際ののろしは純白ではなく、空との識別はいっそう困難と思われた。

距離を仮に3キロ程度と考えると、中継の9地点を置けば、のろしの始点と終点の距離は約27キロ延びる。しかし、伝達に要するロスタイムを簡単に見積もると、10分×10＝100分（1時間40分）になる。

おそらく、のろしに代わる副手段として、馬や鐘、ドラなども併用されたとみられる。時計や携帯電話がなかった時代。のろしを扱った山伏や忍者たちは、天候、地理的条件などについて、卓越した知識と経験を持っていたのだろう。

のろし　悪臭も伝達手段？

のろしは材料や場所、天候に左右され、夜間には使用できないから、忍者の緊急的な通信手段としては使いづらい。また、煙による情報伝達は「進行」あるいは「停止」などに限られ、伝達できる情報量が少ない。

また、のろしの主な材料は杉、ヒノキ、松の生木と乾燥したヨモギ（もぐさ?）と、狼などの動物の糞である。糞の化学分析結果から考えると、炎色反応的な方法で煙に着色して情報量を増やすことも難しい。

動物（狼）の糞の効用は以前から議論があり、狼煙《のろし》研究家の池田誠氏は論文「狼煙の研究」のなかで「――無事に狼の『糞』を確保して狼煙打ち上げを実験したが、燃やすとただ『臭い』のみで――」と記す。さらに、狼煙研究の原点ともいうべき瀧川政次郎氏の『上代烽燧考』には「狼糞《ろうふん》は牛羊糞と共に燃料として用ひられたものと思ふ――」とある。

そこで、実際に狼の糞を火にかける実験をした。ニホンオオカミは絶滅しているので、犬と交配させた「ハイブリッドウルフ」の糞をブリーダーを通じて入手。燃やしたところ、両氏が指摘するように「極めて臭い」ことを再確認した。

この「臭さ」は尋常の臭気ではなく、〝生臭く、若干の吐き気を催す〟ような、気持ちの悪くなるものであった。手元の半導体臭気計で測定を試みたが、著しく臭気強度が高く、測定不能だった。ひどい悪臭のあまり、「悪臭を希釈して測定する」という知恵さえ浮かばなかったほどだ。

筆者は郊外の田園地域に住んでおり、かつて、養豚場や養鶏場からの臭気に悩まされた時期もあった。現在こういった臭気は「悪臭」と定義され、「悪臭防止法」で規制がかかっており、基準値も存在する。

のろしに使用された狼の糞の臭いはまさしく悪臭である。また、猪の糞もかなりの悪臭であった。筆者の経験では、あの程度の悪臭は、無風ならば同心円状に2キロ程度は拡散すると思われる。嗅覚、視覚、聴覚に優れていた忍者は訓練すれば、さらに遠距離でも、燃焼に基づく糞の特異的な臭いに反応した可能性がある。

したがって、煙の有効な視認距離（約5〜7キロ）よりは狭くなるが、特定の範囲に限った緊急の情報伝達法として、この悪臭を利用した可能性があるのではなかろうか。ただし、それには大量の狼の糞が必要である。場合によっては、猪などの糞も併用した可能性はありそうだ。

石積み　のろし中継点か

のろしの研究を進めていくと、県内に伝承されたのろしルートがいくつか浮かんでくる。伊賀の南宮山—田中氏城跡や霧山城跡（560メートル）—白米城跡（312メートル）のルートについては、先に述べた。

津市の美杉ふるさと資料館に展示されている「多気《たげ》城下絵図」は、江戸時代中期に模写

山の上に描かれた炎。のろしとみられる（「多気城下絵図」の一部）

されたもので、東と書かれた山の絵に、のろしを思わせる赤い炎が描かれている（写本によってはこの炎が描かれていない例もある）。この絵図の左側には「白口峠」の記述がある。

この白口峠は、北畠の本城・霧山城に至る軍事的に重大な地点で、番所が置かれていた。地図上で調べると、白口峠の北西1・1キロに雨乞山（698メートル）、南0・9キロにピーク（795メートル）がある。このピークは、古くから篝《かがり》嶽《だけ》（あるいは篝岳）と呼ばれているそうで、現在では知る人も少ない。

これまで書いたように、のろしの単純な視認距離は10〜14キロ程度。煙に何らかの情報を持たせたり、確実性を上げたりする場合の視認距離は、5〜7キロと考えられる。それに照らし合わせると、霧山城跡ー髭山間は約7キロあってやや遠く、情報伝達の確実性を上げるには、中継点が必要となる。

しかし、実際に雨乞山を調査してみたが、現在では視界は悪く、表面観察では何も遺構らしきものはなかった。

ところが、2018年11月、白口峠の南のピークを調査したところ、現在でも白口方面に良好な視界があり、合わせて、のろし台を思わせる奇妙な方形の石積みを発見した。

中継点としての意味も含め、①霧山城から見て左側に白口峠が位置し、②炎は東方向にある――ことから、ピークが絵図の炎の位置に一致する可能性が高い。国学者・本居宣長も1772年（明和9年）、このルートを通り、飯福田に下ったことを『菅笠日記』に記している。

絵図はあくまで模写であり、中世の風景を100％正確に反映しているわけではない。だが、資料からものろし台が存在し、情報伝達のネットワークを形成していた可能性は高い。

コラム5

修行　まず読書と歩行

山田雄司

「忍者はどのような修行をしていたのですか」と聞かれることがよくある。しかし、文献にはそうしたことを具体的に記したものが見当たらないので、「よくわからない」というのが本当のところである。

「成長の速い麻の実を植えて、毎日伸びるその上を跳び越える」とか、「腰に長い布をくくりつけて、その先端が地面につかないように速く走る」とか、忍者の修行としてよく紹介されているが、これらのトレーニングは江戸時代以前の文献に記されているわけではない。

それでは、どのようなことをしていたのだろうか。戦国時代では、農林業をしながら急を要するときには忍者として活動した人々にとって、田畑を耕したり、木に登ったりという、日々の生業自体が修行となって、ナチュラルな肉体が作られたのだろう。

文献では修行について書かれていないわけではない。信州松本藩の忍者・芥川氏に伝わる『甲賀隠術極秘』には、修行の第一は、儒書・軍書等を数多く読み、何事も広く学び、山野を歩行し、寒暑にかかわらず夜道を歩き、深夜でも高山に登り、厳寒であっても幽谷に降り、暑中であっても怠ることなく身を苦しめて鍛錬すること——とある。

つまり、まずは本を読んで広くいろいろなことを学び、それからさまざまな条件の下で歩き回ることが修行だという。

何か拍子抜けするような修行であるが、実際にこれを実践しようと思うとかなり厳しいことがわかる。決して特殊なことをする必要はなく、日々の生活自体が修行なのであった。

そうした修行を積み重ねることによって、忍者はいつ何時どのような事態に直面しても、冷静に対応できるようになり、万一敵にとらわれて縛られたり、逆さ吊りにされたりしても意思を変えない、強靱な肉体と精神が醸成されたのである。

第六章
忍者の諜報力

藤田達生

［日本史学］
三重大学教育学部教授

藤田達生
三重大学教育学部教授
1958年生まれ。神戸大学大学院博士課程修了。学術博士。織豊期の政治史や藤堂高虎の研究で知られる。著書に、『秀吉神話をくつがえす』『江戸時代の設計者』（講談社現代新書）、『秀吉と海賊大名』『天下統一』（中公新書）など。

天下人も恐れた伊賀衆

「伊賀者」とは、言わずと知れた忍者の代表格である。しかし、彼らの得意とした諜報活動は、本来の生業《なりわい》のごく一部だった。「伊賀者」という呼称は、江戸時代に普及するもので、それ以前は「伊賀衆」が一般的だったことも断っておきたい。

自己紹介を兼ねて申し上げると、筆者は、修士論文で近江（滋賀県）の「甲賀郡中惣《そう》」をテーマとした。1980年代のことで、一揆研究が全盛の時期だった。甲賀衆を代表する国人《こくじん》（数か村から郡規模の在地領主）・山中氏の伝来古文書「山中文書」（神宮文庫所蔵）を分析し、郡中惣の誕生から崩壊までの過程を明らかにしようとしたのである。

「山中文書」については、忍者に関する第一級史料と言いたいところであるが、そうではない。室町幕府や近江守護・六角氏の支配下にあった甲賀武士たちが、戦国時代に入ると、それらから徐々に自立し、半郡規模の自治組織としての郡中惣を誕生させた。そして信長の侵攻の前に、隣接する伊賀惣国一揆と軍事同盟を結んだことに注目したのである。

小説などでは、伊賀忍者と甲賀忍者はライバル関係で描かれることが多いが、それは違う。自治を守るため、協力して信長の天下統一を阻んだ間柄なのである。

これに関連して、先だって伊賀市が購入した古文書「伊賀国上柘植村 并《ならびに》 近江国和田《わた》・

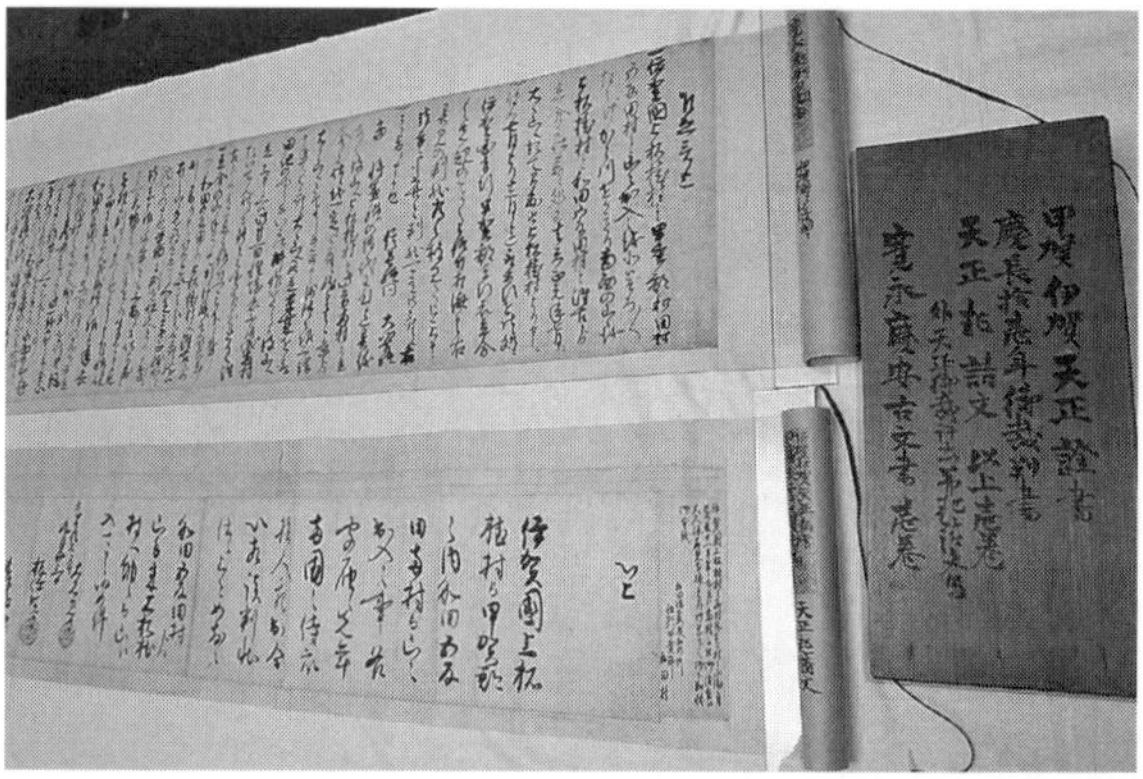

伊賀市有形文化財の「伊賀国上柘植村幷近江国和田・五反田村山論関係文書」

五反田村山論関係文書」からは、1573年（天正元年）12月、北伊賀の柘植氏と甲賀の和田氏との入会《いりあい》地をめぐる相論を、「伊賀奉行」と「甲賀郡奉行」が共同裁定したことがわかる。

伊賀惣国一揆や甲賀郡中惣が、軍事組織としてのみならず、日常的な自治を支える地域権力としての機能を備えていた証左である。両地域の国人・土豪、さらには足軽衆までが国外で軍事活動ができたのは、このような自治能力による。しかしこれが災いして、秀吉の士農分離政策で彼らは故郷から追放されてしまう。

元来、「伊賀衆」とは国人・土豪のもとで数百人規模の足軽・雑兵衆が組織され、諸国の戦場で活躍する傭兵集団のことだった。これは、諸大名ばかりか、信長や秀吉までが恐れるほどの実力部隊として、諸国に知られていた。秀吉は、彼らの集団的な軍事行動を厳禁したのだ。以後においては、武士とは大名や旗本を主君とする侍のみとしたのである。

この原則は、家康の時代になっても継承された。旗本服部半蔵のもとに組織された伊賀者や、諸藩で抱えられた伊賀者も、個人の意思で故郷を離れ、諜報能力を生かして、主君に奉公する存在だった。

伊賀の人々にとって、政策的に作られた「伊賀者」とは、まことに不本意な存在だったのだ。この詳細については、国際忍者学会の会誌『忍者研究』第1号に収録された拙稿「伊賀者・甲賀者考」を参照されたい。

隠密　城データ克明収集

大坂の陣の後、島原・天草一揆が勃発するまで、国内では大規模戦争がなかった。しかし、この時期の江戸幕府にとって、西国諸藩の動静を監察するための諜報活動は、きわめて重要だった。ここに、1627年（寛永4年）作成の「讃岐・伊予・土佐・阿波探索書」（滋賀県甲賀市図書館）がある。公儀隠密による西国7城の城郭探索報告書である。

関係史料としては、これに先立って作成された公儀隠密による九州諸藩の城郭探索報告書「筑前・筑後・肥前・肥後探索書」が伝存する。両史料の所蔵者が旧滋賀県甲賀郡水口町の河合廣治氏だったことから、幕府から甲賀者に隠密御用の命が下され、西国外様大名

今治城・城下町データ

	本　丸	二の丸	三の丸	侍　町	惣曲輪	城　下	舟　入
東　方	140足	100足	—	—	—		
西　方	140足	—	—	880足	1570足		
南　方	120足	140足	120足	1000足	500足		
北　方	120足	140足	120足	—	6町		
石　垣	8間	6間	3間	3間	—		
堀　幅	30間	—	8間	20間	—		
土　塁	—	—	—	3間	—		
その他のデータ	四方多聞、二重櫓4、天守なし	西門櫓、東門櫓土橋	冠木門	四方合17町55間	7町28間半	南北3町・5筋、家数4､500軒	船5艘、荷船3艘

✦足とは歩測の単位で約52センチ

の領内情勢を探索し、提出した報告書の写し（または控え）として、縁者の家に残って伝来したとみられてきた。

探索期間がごく短期間にもかかわらず、詳細かつ正確な情報が得られた背景として、別府大学教授の白峰旬氏は、情報協力者があらかじめ城図を作成し、現地に来た公儀隠密に渡した可能性を指摘している。

具体的には、久留米藩の紙屋喜平次が幕府の「隠し目付」だったことを例に、幕府が各藩に密偵を置いて情報収集にあたっていたのではないかと指摘する（白峰旬著『幕府権力と城郭統制』）。当時は徳川秀忠の治世期で、西国の外様大名を監視する諜報システムだった可能性が高い。

あわせて、派遣された隠密の個人的な技量の高さを示す情報も貴重である。ここでは、一例として伊予今治城（藩主藤堂高吉）で隠密が収集したデータを表にまとめて示したい。

これらのデータは、1627年8月17日に仕上げたものである。わずか1日の探索で完了したが、隠密が訪れた7城の中でももっとも短期間だ。隠密の報告は、順に本丸から二の丸、三の丸、侍町、惣曲輪《そうぐるわ》、城下、舟入へと、城郭の中心から周辺へという順でまとめられ、船や櫓《やぐら》の数までわかる。別稿にてそれが正確なデータであることを指摘した（拙稿「伊賀者・甲賀者考」）。

両史料からは、公儀隠密が実際に城郭に忍び込み、それが不可能な場合は目測で、規模や構造の詳細を調べて絵図に仕立て、さらに大名家臣団の構成から藩政の実情に至るまで事細かく聞き取りするという、卓越した諜報能力を身につけていたことがわかる。

これに関連して想起されるのが、日本語をポルトガル語で解説した『日葡辞書《にっぽ》』（慶長年間刊行）が「Xinobi（忍び）」について記載した「夜、または、こっそりと隠れて城内によじ上ったり陣営内に入ったりする間諜《かんちょう》」という説明である。これこそ、公儀隠密の任務そのものであった。

仕官　諜報能力を重視

江戸時代に入り、大砲や鉄砲を中心とする大規模戦争の段階になると、伊賀衆や甲賀衆が得意とする集団的なゲリラ戦は時代遅れになった。彼らの多くは、仕官のチャンスを待望しつつ、故郷にとどまって郷士になる道を選んだ。

甲賀衆の場合、1637〜38年（寛永14〜15年）の島原・天草一揆に集団で従軍することを目指したが、かなわなかった。

次に、甲賀者の有力者・山中十太夫の子孫である山中儀右衛門が、1721年（享保6年）9月に作成した由緒書（「山中文書」）から、島原・天草一揆への従軍に関する部分を紹介したい。

「甲賀の古士共」は、大一揆勃発との報を受け、存知の間柄にあった老中松平信綱が総大将になったのを幸いに参陣を依頼したが、山中十太夫を含むわずか10人しか許されなかった。

1637年正月6日に、信綱が甲賀者10人を召し出し、味方の陣地より原城の塀際までの距離、沼の深さ、塀の高さ、矢狭間の状況がわからないので、「詳しく調べて絵図に仕立て、明日江戸に知らせようと思うので、原城を探索するように」と命じた。

早速、当日の夜に彼らのうち5人が、ひそかに原城の塀下まで忍び込んだが、城中は松明《たいまつ》を点《とも》して油断なく用心していたので、塀際の味方の亡きがらの中に紛れ込み、夜更けに城中が静まりかえるまで待ってから、城の状況を詳しく調べたと記されている。

このように、甲賀者たちは原城に紛れ込んでさまざまなデータを収集したり、兵粮を奪取するなど活躍したものの、一揆側に見つかって追い詰められ、半死半生で逃げ出すこともあった。

結局、彼らはさしたる軍功を上げることができず、戦後に仕官することはかなわなかった。戦闘者としてではなく、諜報能力の高い者のみが選抜され、幕府や諸藩に取り立てられる時代になったのである。

敵将寝返り工作

１５７６年（天正４年）２月、織田信長は安土城（滋賀県近江八幡市）に、足利義昭は備後国・鞆の浦（広島県福山市）に本拠を移した。ここから、前年に右近衛大将に任官した信長と、現職将軍・義昭との本格的な対戦が開始される。信長は、義昭の下に形成された「信長包囲網」との戦いに明け暮れることになるのである。教科書的理解によれば「信長の時代」であるが、正確には、内乱期に突入したとみなければならない。

78年（天正６年）、毛利氏は、織田方の尼子勝久が籠もった播磨上月城（兵庫県佐用町）を攻撃した。毛利方にとって全軍を挙げての出陣だったから、この戦争に参陣した明智光秀も、天下分け目の合戦になるだろうと予想していた。ここで注目したいのは、毛利方が総大将・織田信忠の陣所に忍者を入れたことである。

出陣中の吉川元春が、かつての義昭の奉公衆で毛利家に仕えていた出雲の古志重信に宛てた、同年6月2日付の書状がある（「牛尾家文書」）。これには「一、城介方陣所へも忍差し上げらるべき哉の由承り候、かれこれ御《お》心遣《こころづかい》の段、申すもおろかに候、その外五畿内・荒信（荒木村重）などへも涯分御調略肝要に候」と記されている。

文意は「織田信忠方の陣所まで忍者を付けられたらしいとの由を承りました。種々お心遣いに、感謝の言葉もありません。その他に、貴殿は五畿内諸勢力や荒木村重に対する精一杯のご調略につとめることが大切です」というものである。元春は、重信が信忠方の陣所に忍者を放ったことに礼を述べ、さらに畿内の諸勢力や村重の調略（寝返り）を遂行するように依頼しているのである。

陣所に忍び込ませた忍者の使命は、総大将の信忠に関する情報収集にほかならないだろう。おそらく、敵味方ともに大将をはじめとする要人の陣所には、忍者を入れていたのであろう。現実の戦場に、忍者が行き交う臨場感が伝わってくる。

ここで注目したいのは、後半に記されている、出陣中の信長重臣・荒木村重に対する寝返り工作である。なんと大胆にも、戦いの最中に、敵方の重臣を味方に付けるべく調略を行うのである。これには当然、忍者が交渉の窓口を担ったと考えられる。

上月城は、毛利方によって同年7月に落城した。直後の10月に勃発する「荒木村重の反乱」は、前提として、村重と信長の近習や重臣層との確執があった。村重は、義昭近臣や毛利氏家臣が派遣されて反乱を決意したが、重信も調略関係者の一人であった。

織豊期の忍者は、城攻めばかりではなく、敵方の陣所に忍び込んでさまざまに活動していた。そこでは、情報収集にとどまらず、敵将の寝返り工作にも関与していたのである。

コラム6
知恵絞り　距離、高さ計測

高尾善希

忍者は、どのように距離と高さを測ったのか。デジタル機器もない時代、敵に近づくときなどは、知恵を絞らなければならない。敵との距離、櫓や山の高さなどを知る方法を再現してみたい。

距離の測り方の記述として、『渡辺俊経家文書―尾張藩甲賀者関係史料―』（滋賀県甲賀市）の「自得流火術目録」がある。火術に必要であるためか、目標物に近づかずに、自分との距離を測る方法が記されている。

それが図1だ。目標物の方向に仮杭《くい》①を打って糸を張る。自分の箇所にも杭②を打ち、直角に28間の糸を回す。28間の糸の先にも杭③を打つ。そこへ4尺正方形の板を用意する。すると、灰色部分の三角形と、大きな三角形が、相似関係になることがわかる（a度＋b度＝90度）。

灰色部分の三角形の辺二つの長さが4尺と2寸の場合、「間」を単位にすると、

「0.02：0.4＝28：x」という関係が成り立ち、これを計算すると「x＝560」になる。

つまり、自分と目標物との間は560間とわかる。

また、忍者が使ったかどうかはわからないが、吉田光由《みつよし》の『塵劫記《じんこうき》』という算術書に、切らずに木の高さを測る方法が記されている。

図2をご覧いただきたい。まず、直角二等辺三角形の紙を用意する。その下に重りをつるす。これは、三角形を地面に対して水平に保つための道具である。

この三角形を持ちながら、木の根本からだんだんと遠ざかる。斜辺の先と木の頂点が重なるところで立ち止まる。その地点と木の根元との

図1

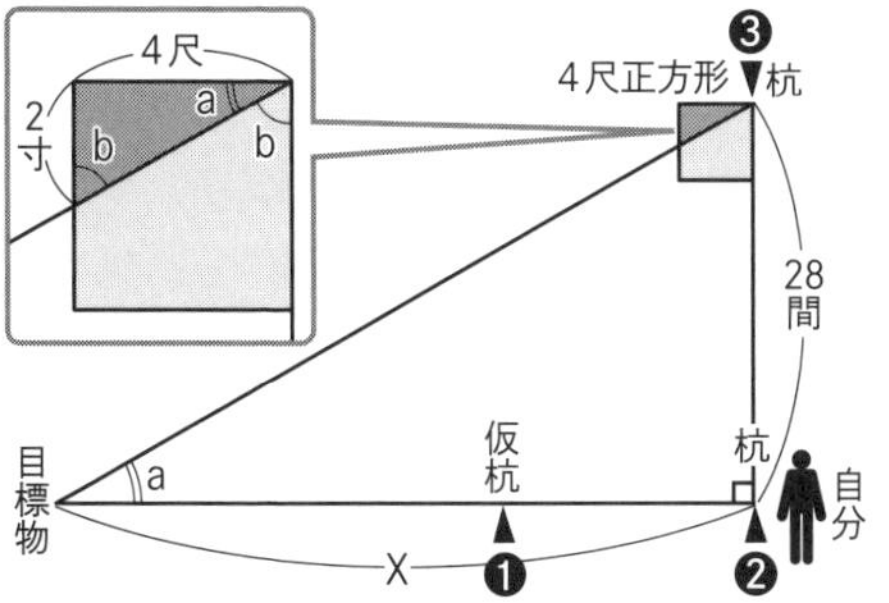

図2

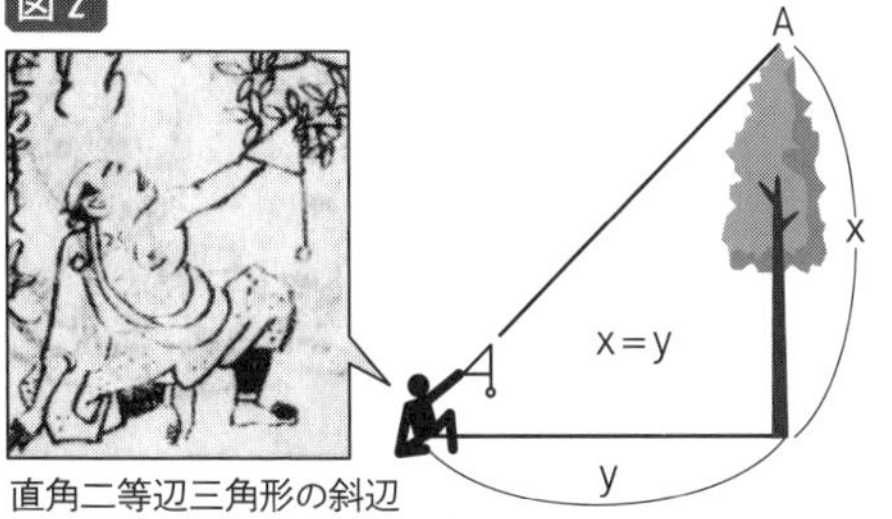

直角二等辺三角形の斜辺の先が木の頂点にくるようにする

距離（y）が、すなわちその木の高さ（x）となる。

ちょうど、紙の三角形と図にある大きな三角形が、相似関係になるわけである。これなども、忍者は用いることができたはずだ。

いずれも、現在においては中学校で学ぶ程度の数学、相似を用いている。「忍者は命を守るためには頭を使う」というわけだ。

第七章
忍術書の火器を作ってみる

荒木利芳

［微生物学、酵素学、食品科学］
三重大学名誉教授

荒木利芳
三重大学名誉教授
１９４８年生まれ。九州大学大学院農学研究科修了。九州大学助手（農学部）、三重大学助教授、同教授を経て、現在は名誉教授。農学博士。専門は微生物学、水産利用学。

煙幕弾「鳥の子」威力実証

忍者というと、漫画や映画などで描かれているように、敵から追われたときに煙玉を投げ、モクモクと立ち上る煙に紛れて敵の目を眩《くら》ます火術を思い浮かべる人も多いと思われる。

忍術の3大秘伝書の一つである『万川集海』の火器編には、火器・火術は次のような理由から、忍術要道の根源であると述べられている。

一、いかに堅固な城郭や陣営でも、放火焼失させることができる。

二、昼夜にかかわらず味方に合図できる。

三、風雨に消えない松明で、味方の難を救える。

また、本書には200種類以上の火器が記されているが、その内の半分近くが敵を撃退するための「破壊用火器」で、残り半分が松明や篝火《かがりび》などの「照明用火器」、およびのろしなどの「合図用火器」である。忍者は得られた情報を無事に雇い主へ届けるために、これら火器を巧みに使いこなしていたものと思われる。

代表的な破壊用火器としては、煙幕弾の「鳥の子」や手榴弾《しゅりゅうだん》である「焙烙火箭《ほうろくひや》」、火炎放射器のような「取火方《とりびかた》」、地雷である「埋火《うずめび》」、鉄砲の音を思わせる「百雷銃」、相手の

「鳥の子」の燃焼実験

陣屋に放火する「飛火炬《とびひこ》」などがある。

私はこれら火器の威力を調べるために再現実験を行った。火薬を扱うには資格を必要とするので、滋賀県長浜市の花火メーカー「柿木花火工業」社長の柿木博幸氏に協力をお願いした。2回の打ち合わせ後、2015年12月に予備実験、翌年2月に本実験を行った。

「鳥の子」は、忍者が敵に追われたときに使う煙玉である。導火線に火を付け、追っ手に投げると、大きな音と激しい炎、大量の煙が発生するため、敵が驚いてひるんだ隙に煙に紛れて逃れられる。

『万川集海』では「藁で約4寸（約12センチ）の卵形の包《つつみ》を作り、火薬を詰める」とある。だが、火薬の材料は「口伝」とあり、記されていないので、実験では通常の黒色火薬（硝石、硫黄、炭）を用いた。

また、藁の代わりに中身を抜いた鶏卵の殻を用い、その中に黒色火薬を詰め、同社の花火工場内にある、コンクリートブロックで囲まれた試験場で燃焼実験を行った。

その結果、激しい炎と大量の白い煙が発生し、敵の目を眩ますには十分な威力があることがわかった。しかし、火薬は瞬時に爆発するので、この鳥の子を追っ手に投げるには、懐の種火をどう持ち運ぶのかや、導火線に火を付けて投げるタイミングなどが重要となる。

忍者は火器を作る知識や技術を持っていただけではなく、それを実際に使用するため、厳しい修行に励んだと思われる。

実験で火器の効果は確かめられたが、鳥の子を用いて難を逃れたという実際の記録が見あたらない。そうした使用例を記した古文書が、どこかにあるかもしれない。情報を寄せていただければ幸いである。

「焙烙火箭」強い殺傷力

忍術書『万川集海』に記されている「焙烙火箭」は、碗《わん》状の陶器を2個合わせて球状にし、中に火薬や鉄片、小石などを詰めて、縄できつく結び、導火線に火をつけて敵に投げる手榴弾である。

このような手榴弾は中国の宋の時代に出現し、鉄火砲、霹靂砲《へきれきほう》、震天雷《しんてんらい》と呼ばれて恐れられ、宋から金や元へと時代と共に変遷する戦いで大きな役割を果たした。

日本では、これら火器を「てつはう」と呼び、鎌倉時代における2度にわたる蒙古襲来（1274、81年）で元軍が使用し、日本の武士は、この大きな音や大量の煙を出す爆発物に大いに苦しめられた。なお、「てつはう」は１９９３年に長崎県の鷹島《たかしま》海底で複数個発見され、それらは直径約15センチの球形の陶器で、中には鉄片も入っていたことから、殺傷力を有する炸裂弾であったと推測されている。同海域では、２０１１年に元の軍船も発見されている。

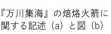

日本において本格的に火薬が使用されたのは、１５４３年（天文12年）の種子島への鉄砲伝来以降である。当時は戦国時代で忍者が活躍していた頃。忍者は、いち早く火薬を使いこなし、さまざまな火器を作り出しているが、その中の一つが「てつはう」に似た焙烙火箭である。

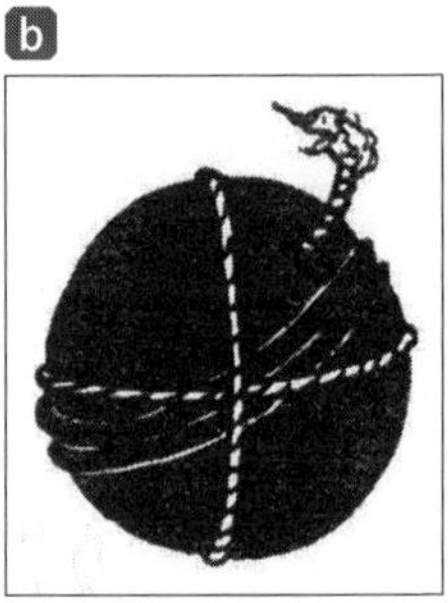

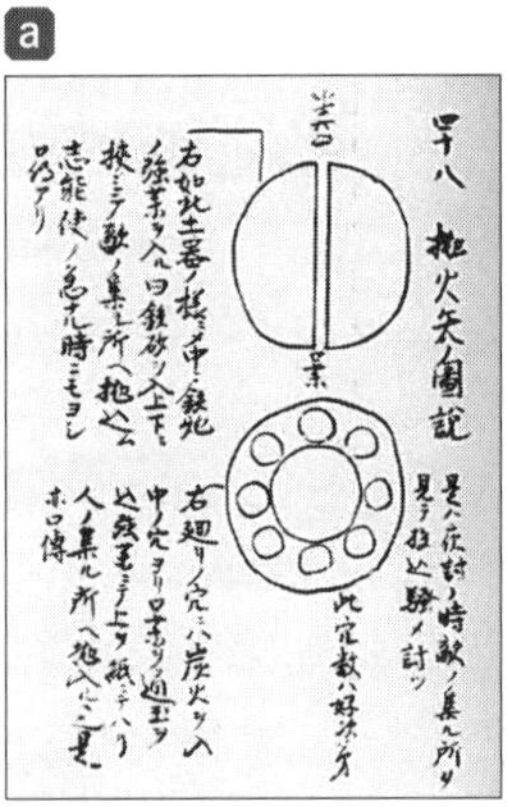

『万川集海』の焙烙火箭に関する記述（a）と図（b）

私は、柿木博幸氏の協力の下、焙烙火箭（図ａ、ｂ）の再現実験を試みた。『万川集海』には、硝石２００匁、硫黄60匁、灰40匁、樟脳《しょうのう》10匁、松脂《まつやに》６匁の割合で調合した火薬を、焙烙に詰めると記されている。ここで問題となるのは、燃えるはずのない灰が使われていることだ。ちなみに、『万川集海』に記載された２００種類以上の火器では、灰という表現が58回、炭という表現が20回出てくる。

前述のレシピで、灰の場合と、炭を使った場合の両方で実験を行ったところ、炭を使うとスムーズに燃焼したが、灰を使った場合は燃えないことが確認できた。このことから、『万川集海』に記されている「灰」は、炭を指していることが判明した。柿木氏によれば、花火師は現在でも炭のことを「灰」と呼んでいるそうだ。

焙烙火箭の燃焼実験は安全性を考え、陶器の焙烙は使用せず、前述の火薬90グラムをラップに包んで製作。導火線に点火したところ、激しい炎と大量の白煙を吹き上げ、数秒間で燃え尽きた。

もし、『万川集海』のレシピ通り直径十数センチの焙烙に、実験の10倍以上の火薬約1キロと、鉄釘や石ころなどを詰めて密閉した状態で爆発させると、焙烙の破片や鉄釘、石ころなどが辺り一面に飛び散る、非常に殺傷力の強い武器であることが推測された。敵陣を攻撃するときなどに使われたと思われるが、敵陣へ投げた後、よほど遠くへ逃げないと、忍者自身も飛び散る破片で被害を受ける。かなり危険な武器であった。

「取火方」　炎や鉄粉噴出

「取火方」は、紙や竹、銅などの筒に、火薬を詰めた火炎放射器のような火器である。取火方は10世紀終わり頃、中国の宋の時代に作り出された火槍《かそう》が変化したものと思われる。火槍は、槍の先に火薬を詰めた筒を巻き付けたもので、導火線に火を付けると、筒の先端の小さな穴から炎や焼けた鉄粉が噴出し、敵がひるんだ隙に槍で突いて殺害する強力な武器である。

忍者が改良した取火方は、携帯に便利なように15センチくらいの短い取っ手の付いた筒状の火器である。敵に襲われたとき、導火線に火を付けて筒の先を敵に向けると、先端に開けられた小さな穴から炎と真っ赤に焼けた鉄粉が噴出する。敵が驚いてひるんだ隙に、忍者は逃げ延びることができる。

火槍と違うのは、火槍は敵を殺害することを目的に作られているが、取火方は敵を追い払って、その隙に逃げることを目的としている。この点で、いかにも忍者らしい火器といえる。

私は柿木博幸氏の協力のもと、取火方の再現実験を試みた。『万川集海』によると、「硝石10匁、硫黄5匁5分、灰2匁5分、鉄砂2匁、鼠糞《ねずみふん》1匁」の割合で火薬を調合——とある。

さらに、長さ5〜7寸（約15〜21センチ）、回り5〜6寸（約15〜18センチ）の筒の一方に底を付け、底には1分（約3ミリ）程の穴をあける。この筒に薬をよく突き込み、底の穴から口薬（黒色火薬）を巻き込んだ紙こよりを差し、手に持つ。「捕り物、けんかなどでこれを使えば、いかに強い敵でも、この火に向かうことはできない」――などと書かれている。

実験では、片方に節を残した竹筒に火薬を詰め、導火線に点火すると、激しい炎や真っ赤に焼けた鉄粉が筒から噴出するのを確認できた。火薬90グラムで炎は3メートル以上も噴き上がり、約20秒間燃え続けた。

今回は、竹筒の片方の節を切り取った状態で実験したが、この出口に小さな穴のあいたフタをして点火した場合は、炎はもっと遠くに飛び、燃焼時間も長いと思われる。『万川集海』では「銅の筒」とされているが、竹でも十分に効果があることもわかった。

また、火薬の成分に「灰」とあるが、焙烙火箭の項で述べたように、灰は炭のことを指しているので、実験では炭を使用した。なお、鼠の糞も使われたが、『万川集海』には「鼠の糞は火の強さを弱くし、火持ちを良くする」とある。さらに取火方には、コショウやトウガラシといった目を刺激するものや、砒素《ひそ》などの毒物も入れられていたようである。

火矢、城放火の強力武器

鉄砲が発明される以前の戦では、弓矢は遠くの敵を倒す武器として、また、矢の先に油を浸した布などを巻き付けた「火矢」は、城などを放火・焼失させる強力な武器として広く使われていた。忍者もまた、さまざまな火矢を作っていたことが『万川集海』に記載されている。

忍者の火矢は「大国火矢」や「飛火炬」と呼ばれる。通常の火矢と違うのは、火薬を使用していることである。黒色火薬を詰めた筒を矢にくくり付け、導火線に火をつけて弓で飛ばすと、敵陣に到達する頃、火薬に着火し、筒から激しい炎が噴き出して萱葺《かやぶ》き屋根などを焼失させることができる。

また、大国火矢には、推進用と焼夷《しょうい》用の火薬の筒が付けられているものもある。推進用火薬で矢を飛ばし、焼夷用火薬から炎を噴き出させることができる火器である。

大国火矢は弓で射たり、手で投げたりするほか、台に複数本を設置し、推進用火薬に火をつけて一斉に飛ばすなどして使っていたようである。

『万川集海』には約30種の大国火矢が記されている。それらに使われているのは、硝石37・4〜89・3％、硫黄5・4〜40・7％、炭2・8〜38・5％。その他、鼠糞0〜1・4％、樟脳0〜7・3％、松脂0〜0・4％、鉄粉0〜13・2％などが加えられている。

柿木博幸氏の協力を得て燃焼実験をした。同書に記載されている大国火矢の火薬成分（硝石61・6％、硫黄14・0％、炭16・8％、鼠糞1・1％、樟脳0・84％、鉄粉5・6％）を基に調合。その40グラムを竹筒（長さ18センチ、直径1・8センチ）に詰めた。点火すると、激しい炎を噴き出し、40秒余り燃焼した。

この炎を藁に当てたところ、瞬く間に燃え尽きた。火薬には硝石が入っているため、矢が飛んでいる間も炎が消えることがない。最初から筒の火薬に点火し、炎を噴き出させながら弓で射て、敵陣を放火することもできる。

また、同書には以下の記述がある。

「大国火矢の射程は2町（約218メートル）から10町（約1・09キロ）までで、射程によって、矢の長さ、羽根の枚数、推進火薬量を変える。鏃《やじり》は鉄製、木製、竹製のいずれかを使用し、鏃から3寸（約9センチ）離して、焼夷用火薬20匁（約75グラム）を紙筒に納めて巻きつけ、その反対側の手前に、推進用火薬を同じく紙筒に入れて結びつけ、推進用火薬筒の手元に口火を差し込み、推進用火薬筒と焼夷用火薬筒は、導火線で連結しておく――」

大国火矢が本当に1キロも飛ぶのか、大変に興味があるところだ。機会があれば実験してみたい。

火矢　科学的知識も必要

大国火矢は敵陣に放火するための破壊用武器である一方、合図用火器としても使われていたことが、『万川集海』に記載されている。忍者は、主君に情報を届けることが第一の任務なので、遠くの味方に短時間で情報を伝達することが非常に重要であった。

古来、国内だけでなく海外においてもよく使われていた伝達手段にのろしがある。のろしは木や枯れ草あるいは動物の乾燥糞などを燃やし、立ち上る煙で遠くにいる味方に情報を伝達する。

しかしながら、このようなのろしは、雨の日や風の強い日、あるいは夜の暗闇では使用できず、また、煙を上げるのに時間とかなりの技術を要し、燃料集めも大がかりになるなど、さまざまな制約がある。

それに対して、忍者が使う大国火矢は、矢に推進用火薬筒が結び付けてあり、導火線に火をつけると黒色火薬の推進力でロケット花火のように空高く飛ばすことができる。

大国火矢の利点として、①風雨など悪天候でも打ち上げられる、②火炎と白色の煙を噴出しながら飛び立っていくので、昼夜を問わず発見できる、③簡単に持ち運べるので、どこでも手軽に打ち上げられる、④火薬の推進力で数百メートル飛行するので、かなり遠方の味方に知らせることができる——などが挙げられる。

今回、大国火矢がどれくらいの推進力を持っているのか調べるため、亀山市の伊藤煙火工業会長の伊藤照雄氏の協力のもと、再現実験をした。市内のイシバシ工業の広場を借り、安全のため、50メートル離した2本の鉄の杭《くい》にワイヤを水平に張り、それに沿って大国火矢を走らせた。

二つの輪を付けた矢（長さ80センチ、重さ40グラム）の先端から9センチに、火薬を詰めた筒（長さ15・5センチ、直径2センチ）をくくり付けた。推進用火薬は、硝石130匁、硫黄50匁、炭40匁、樟脳1匁、松脂1匁、鼠糞3粒を混合し、その合計834グラムのうち、40グラムを火薬筒に詰めた。

導火線に点火すると、矢は白煙を噴きながらものすごい勢いでワイヤを滑っていき、約3秒で終点の鉄棒に激突し、跳ね返されながらもしばらく燃え続けた。

また、夜になってから葦《あし》の茎を使って大国火矢を作り、垂直に打ち上げてみた。真っすぐ飛行させるのは難しかったが、噴き出す炎で、暗闇でも視認できた。この実験結果から、大国火矢は昼夜を問わず使用できる、優れた伝達手段であることを確認できた。

また、放火用の大国火矢の実験も行った。焼夷用ならびに推進用の火薬筒を矢に付け、推進用筒の導火線に点火すると、ワイヤの途中まで進んだところで予定より早く焼夷用の筒に火が移り、逆噴射して矢は逆方向に押し戻された。そのため、推進用と焼夷用を結ぶ導火線の長さを調節しなければならなかった。

このように、大国火矢を垂直に空高く打ち上げたり、目的物に到達してから焼夷用火薬に点火したりするには、さまざまな試行錯誤を繰り返しながら、適切な火薬量や筒を付ける位置、導火線の長さなどを決める必要がある。

このような高度な火薬技術の開発に挑んだ忍者は、科学者、あるいは技術者としての一面も持っていたことがうかがえる。

さまざまな材料使い松明

忍術書『万川集海』の火器編に記載されているうちの約半分は、松明や篝火などの照明用や合図用の火器である。

このことからも、忍者にとって、手榴弾などの攻撃用の火器と同様に、夜の暗闇や風雨の中でも消えない照明用の松明の開発は、大変重要であったことがわかる。「松明」という表記は〝振り松明〟の1件だけで、〝秘伝雨明松〟など「明松」という表記が14件ある。また、松明のことを「炬火《きょか》」または「火炬《かきょ》」ともいうが、この表記は77件ある。炬火は主に照明用として使用するが、〝風雨炬火〟のように火のついたものを敵陣に放り投げて放火するものや、火薬を詰めた筒を矢にくくり付けて放火する〝飛火炬〟のような攻撃用の炬火もある。

松明は古事記にも記されており、太古の昔から使用されていた。一般に松や檜《ひのき》、櫟《くぬぎ》または竹などを適当な大きさに割り、束ねて作られた。特に松がよく用いられるので、実際に、松脂を多く含んだ松を使って、どれくらいの時間燃えるか実験してみた。

松の幹を切断し、1辺2・2センチ、長さ20センチ、重さ27・4グラムの角棒Aと、1辺3・5センチ、長さ20センチ、重さ44・9グラムの角棒Bを使って燃焼時間を測定した。炎は太い角棒Bのほうが大きく、また風に対しても、角棒Bは炎が真横になるくらいの風でも消えることはなかったが、細い角棒Aは少し強い風が吹くと途中で消えてしまった。

しかしながら、どちらも先端から5センチに火が達する時間は約12分と同じであった。また、1辺が0・9センチの角棒4本を小枝にくくり付けて燃焼させたところ、1本のときよりも炎が大きくなり、火が5センチに達する時間が3分30秒、10センチに達する時間が7分20秒と燃焼速度も速くなった。

なお、火薬の場合は白煙であったが、松脂を含む松の場合は真っ黒な煤《すす》のような煙で、鼻に刺激を感じた。

松脂を構成している揮発性のテレピン油や粉末のロジンは、引火点が低いので着火しやすく、少しくらいの雨や風では消えない。このため、古くから経験的に松明の材料には松脂を多く含む松が用いられていることは理にかなっているといえる。

『万川集海』にも、火器の材料として松脂56種類、松挽粉《まつひきこ》40種類、肥松4種類、松節2種類、五葉松肌や松葉1種類など、松がよく用いられている。また、「松脂や松挽粉は燃えるためのものである」と記載されているが、これらはほとんどの火器に数%しか使用されていないため、着火を助けるために用いられていたようである。

忍者も檜や櫟を束ねた一般的な松明も使っていたと思われるが、松明においても、火薬の原料である硝石や硫黄、炭などに加え、樟脳やヨモギ、明礬《みょうばん》、鼠糞など、さまざまな材料を使って松明を作っていたようである。

硝石生かし雨松明作り

忍者は風雨の夜でも活動するため、雨や風でも消えないさまざまな松明を作った。『万川集海』には、風雨炬火や水火炬、雨火炬、秘伝雨明松、義経陣中雨火炬（義経火炬）など、名前に雨や水が付く火器が35種類記載されている。

これらの火器の材料には植物や動物、鉱物など46種類が使われたが、そのうち、黒色火薬の材料である硝石（硝酸カリウム）、硫黄、炭は、それぞれ27、24、18種類の火器に用いられた。

また5種類以上の火器に使用された材料では、樟脳、ヨモギ、松脂、松挽粉、鼠糞、挽《ひき》茶《ちゃ》、明礬が、それぞれ28、17、15、11、9、6、5種類に用いられた。

このように、当時としては貴重な酸化剤である硝石が、雨松明の35種類中27種類に使われたのは注目すべきことである。

硝石は黒色火薬の材料として鉄砲と一緒に１５４３年に日本に伝来した。忍者がこの当時最先端の化学物質を使い、風雨でも消えない雨松明を作っていたことに驚かされる。

私はこれらの中から風雨炬火（硝石、硫黄、炭、樟脳、松脂の各比率は20、30、20、50、20匁）、水火炬（硝石、硫黄、炭、樟脳、松脂、松挽粉、ヨモギの各比率は27、10、5・5、0・3、1、2、2匁）、義経火炬（硝石、硫黄、炭、樟脳、松脂、鼠糞、ヨモギの各比率は25、22・5、9・5、1・5、1・5、1・5、3・5匁）を選び、雨や水の中でも炎が消えずに燃え続けられるかを調べるため、伊藤照雄氏のご協力の下、再現実験を行った。

紙の筒に各火薬を充填し、それを竹筒に入れて雨松明を作製した。当初はジョウロで水をかけて試験する予定だったが、当日は大雨だったのでそのまま実験できた。風雨炬火は、導火線に火を付けても一瞬炎が噴き上がっただけで消えてしまった。水火炬は、次ページの写真aに示すように15秒間激しく炎を上げながら燃えた。義経火炬は、穏やかな炎ながら30秒間燃え続け、大雨の中でも消えなかった。

雨の中（a）や水中（b）でも燃える水火炬

次に、これら松明を水槽の水の中に入れてみた。写真bに示すように、水火炬は、水につけても赤い炎を出しているのが観察され、水の外に出しても激しく燃えた。

一方、義経火炬は、水につけると炎は見られなかったが黒い煙が噴き出し、水から上げると再び炎を上げて燃え、数回水から出し入れしても燃えた。これは、酸化剤である硝石が入っているため、空気のない状態でも燃え続けられたのである。

水火炬が水の中でも炎を出して激しく燃えたのは、硝石が57％と高い割合で含まれていたからであろう。忍者は、この硝石の特徴や、その他のさまざまな材料の特徴を生かして雨松明を作っていたようだ。

このようにさまざまな種類の材料を使って火器作りをしていたということは、忍者もまた日本人らしい細やかな物作りの精神を持っていたということであり、大変興味深い。

コラム７
忍び足　ロボ工学で再現

池浦良淳

忍者の「忍び足」は、諜報活動で情報を聞き取りやすい場所へ忍び込むのに必要な、歩く技術である。ここではロボット工学の立場から、この「忍び足」を解説してみたい。

通常、人は自分の足の動きをあまり意識することなく歩いたり、走ったりしていると思うが、これらの動きは大きく２種類に分けられる。一つが「静歩行」で、もう一つが「動歩行」である。

静歩行は、常にバランスを取りながら倒れないように歩行するもので、歩行をどのようなタイミングで中止しても、倒れることはない。それに対して、動歩行は歩く動作をしていないと倒れてしまう。通常、意識をしないで歩いている場合は、ほとんどがこの動歩行となっている。

忍者の「忍び足」は、まさしく「静歩行」であると言える。この静歩行により、

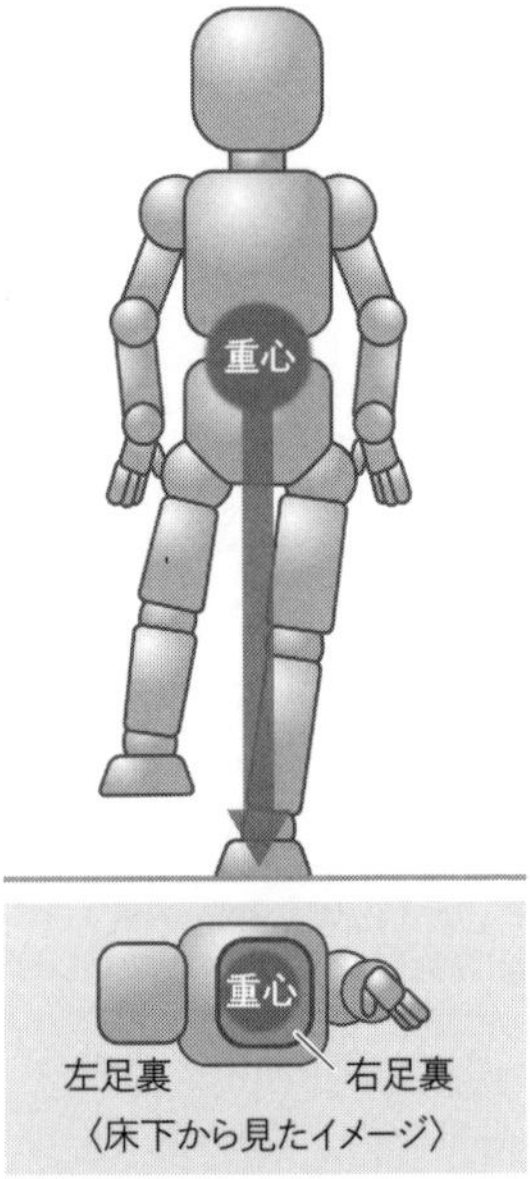

ロボットの静歩行イメージ

足を床に非常にゆっくりと下ろすことができ、物音を立てずに必要な場所に移動できたのであろう。それでは、この静歩行とロボット工学との関係について見てみよう。

ロボット工学では、人間の歩く動きをロボットで再現して、その機能が開発されてきた。開発初期には、モーターのパワー不足などから素早く足を動かすことができなかったため、静歩行の実現に力が入れられた。

静歩行は、片足で立った場合、足が地面についている領域に、体の重心が位置することにより実現できる。図を見て説明してみよう。

ロボットを床の下から上に向かって見ると、片足が床についている領域があるが、体の重心が領域内にあれば、体は前後左右に倒れることなく立っていられる。この状態を保ちつつ歩くわけである。

足が床についている領域が小さいとそれだけ、重心を領域に入れるのが難しくなる。重心を領域に入れるには、体の姿勢を変化させる必要があるが、初期のロボットでは、そのような制御技術が乏しかったため、足を大きくして接地領域を大きくしていた。

　忍者の忍び足では、もちろん足を大きくしているわけではないので、静歩行をするには、体のバランス感覚が重要である。その意味で、日々の鍛錬が必要であったと推測される。

池浦良淳
三重大学大学院工学研究科教授
1963年生まれ。東北大学工学部助手、三重大学工学部助教授を経て現在同大学大学院工学研究科教授。工学博士。人間の動作解析、人間とロボットの協調制御、ドライバーの運転アシスト、パワーアシスト装置の開発などの研究に従事。工学博士。

第八章
薬草と毒草の研究

山本好男
［中毒学、環境化学］
三重大学名誉教授

山本好男

三重大学名誉教授

１９５１年生まれ。日本大学大学院農学研究科修了。滋賀医科大学医学部助手・講師、三重大学伊賀研究拠点准教授・教授を経て、現在同大学名誉教授。植物が持つ毒や薬効成分、機能性物質などを研究する。

薬草・毒草　多彩に使った

忍者の訓練や活動は過酷で、ケガは日常茶飯事だったはずだ。戦闘で大ケガを負うこともあっただろう。また、忍者の活動に直ちに対応するには健康が第一。だから忍者はケガや病気の予防、治療に多くの薬草を使った。

私は２００９年１月、三重大学伊賀研究拠点（伊賀市ゆめが丘）に准教授として赴任し、拠点の敷地内に薬草園を作った。当時は「忍者・忍術学」を想定していなかったが、伊賀地域に関連する研究の一環で、忍者が扱った薬草・毒草を栽培しようと考えた。

約５００平方メートルに１２０種ほど植えている。そのうち約10種が、忍者も用いたとされる薬草・毒草だ。電気柵を巡らせて獣害を避け、水草を育てるために循環式の水槽を設置。忍者研究とは無関係だが、薬効を確認する動物実験などもしてきた。

忍者が用いた薬草として、忍術書『万川集海』にはアサガオの種、ヨモギの葉、牡丹《ぼたん》の根の皮、ドクダミ、オオバコ、芍薬《しゃくやく》、シキミなどが記されている。

アサガオの種は「牽牛子《けんごし》」と呼ばれ、粉末にして下剤に使った。ヨモギの葉は虫刺されや切り傷の止血剤に。牡丹の根の皮には、うっ血を治す効果がある。

ドクダミは別名「十薬」ともいわれる万能の薬草。特に白癬菌《はくせんきん》に対する抗菌作用があるほか、腫れ物や虫刺され、服用すれば利尿、便秘に効く。オオバコは、葉に解毒作用があり、咳を鎮め、眼病にも効能がある。芍薬の根には鎮痛作用がある。

毒にも薬にもなったのはシキミ。現在、法律で「劇物」に指定されている唯一の植物だ。しかし、採取した油を手足に塗れば、凍傷を予防できる。また、これは実際に効果があったかは不明だが、白蛇と大唐米の粉末が、日射病や腹痛、頭痛などの急病に効く万能薬として用いられた記録がある。

忍術書には「忍び出で立ちには虫薬を第一とす」とある。この「虫薬」は虫下し、キハダやゲンノショウコなどの腹薬のことであった。眠気覚ましに、挽《ひ》き茶と干しアサリを混ぜた薬を飲んだ。船酔いの予防薬には、白角豆と梅干しを混ぜたものが使用されていたという。

大麻で人を操り情報収集

忍者は、身近で手に入る薬草を治療や健康維持に用いた一方で、暗殺や、人を操って情報を得るために有毒植物を利用していた。私は以前、滋賀医科大学の法医学教室で中毒死した遺体を調べ、死因を特定する仕事をしていた。現在は企業とともに薬草の研究をしているが、もともとは「毒」が専門。忍者が用いた毒草にも強い興味をひかれた。

忍術書『万川集海』には多くの薬草とともに、銀杏、ノイバラ、ノウルシ（野漆）などが毒草として記されている。

銀杏には「メトキシピリドキシン」という毒素があり、多量に摂取すると嘔吐《おうと》、痙攣《けいれん》、意識障害を引き起こす。ノイバラは実を乾燥させ、煎じて飲むと、含有する「フラボン配糖体」で下痢を起こす。ノウルシはトウダイグサ科の植物。葉や茎を折ったときに出る乳液に毒性があり、下痢や腹痛を催す。

筆者が作製した押し花の標本（上）と収集した薬草のサンプル（下）

敵に対して使う毒薬のほか、不思議な効果を持つ秘薬もあった。唐辛子は目潰しになり、フグ毒の「テトロドトキシン」、トリカブトの「アコニチン」が、神経毒として用いられた。

番犬を殺すには、フジウツギ科、マチン科、ストリキノス属の植物の種子「馬銭子《まちんし》」が使われた。インドールアルカロイド系の「ストリキニーネ」が含まれ、餌とともに犬に与えると、中枢神経の興奮で強い痙攣が起こり、その後、死に至る。「ストリキニーネ」は1960年代半ばまで、実際に野犬退治で用いられていた。

秘薬では、大麻が「あはう薬」として使われた。含有する「テトラヒドロカンナビノール」が、敵の心をうつろにし、阿呆《あほう》にして、人格を崩壊させる。大麻を使って人を操り、情報を収集したとの記録もある。

現代では大麻の乱用は社会問題であり、栽培や所持が大麻取締法で規制されている。大麻を吸引すると、気分が快活、陽気になると同時に、視覚、味覚などの感覚が過敏になり、幻覚や妄想が現れ、思考が分裂し、感情が不安定になる。

忍者は、このような薬草・毒草の知識を、中国古来の植物を中心とする「本草学」から得ていた。さらに、忍術の源流とされる山岳信仰・修験道で山伏が培った薬学の知識、農民らの伝承も合わせ、薬草や毒草を加工する知識と利用する能力を身に付けた。

植物を見分け、生えている場所も、薬や毒として利用する方法もよく知っていた忍者は、丸薬の製造技術にもたけていた。

下痢止め、胃腸薬としてゲンノショウコ、苦味によって胃もたれを改善する健胃薬のセンブリ、利尿作用や便通を改善するドクダミなどは、今でも薬草茶などに利用されている。忍者が活用した薬草の知識は、現代人の健康維持にもつながっている。

毒ある植物　漢方効能も

毒を使うのは、忍者の得意とするところである。特に伊賀や甲賀の忍者は、毒物と薬物に関する多くの知見を持ち合わせていた。

毒や薬に関する知識は、古くは神農（伝説上の古代中国の人身牛首の皇帝）の知見が大陸からの遣隋使や遣唐使により伝えられ、それが修験者や忍者集団に広まった。また、忍者は、情報収集目的で薬売りとして全国行脚し、各地の薬や毒に関する情報を集めた。

身近に存在する植物には毒と薬が紙一重であるものも多く、薬や毒としてそれぞれ利用されるようになり、これらの知識は現在の薬業にも伝えられている。

忍びの大敵である犬を殺す毒としては、ス

中国の炎帝・神農像、「百草をなめて、一薬を知る」の言葉を残した

トリキニーネが主に用いられ、忍者が手裏剣や矢に塗り付けた毒としては、トリカブトがよく知られている。

トリカブトが全国的に有名になったのは、1986年の「トリカブト保険金殺人事件」で、トリカブトの毒による妻殺しといったことでマスコミに取り上げられた。「トリカブト＝毒」といった印象が強く植え付けられたが、忍者の用いた毒は、漢方としての効能も古くから知られている。

忍者の薬・薬草は、石菖蒲《せきしょうぶ》を酒に浸したものと、ミカンの皮を乾燥させた陳皮、朝鮮人参の皮を用いた生薬を「秘極ノ薬」としたほか、センブリやゲンノショウコ、ドクダミなどを腹薬として用いていた。

また、携帯食では、カロリー源、食物繊維のほか神経系を興奮させ、とっさの行動に備える成分を含有しているものも見られる。

生体に何らかの作用を及ぼす化合物の中で、ヒトに芳しくない影響を与えるものを「毒」、都合の良い働きをする場合を「薬」と呼んでいる。自然界由来の毒は、多くが「アルカロイド」という化合物に分類され、「アルカロイド」とは、窒素を含む有機化合物のうち、通常のアミノ酸や核酸などを除いた化合物のことをいう。

では、毒と薬はどう違うのか？

歴史的にみると、毒と薬は区別されずに同様に扱われてきた。近年、スイセンの葉をニラと間違えて食べて中毒を起こしたり、料理の飾りとして置かれていたアジサイの葉を食べて中毒になったりした事故などがあったが、これらもアルカロイドの仕業である。忍者の秘薬はアルカロイドであったともいえよう。

東洋においても西洋においても、昔から人々は、植物を薬として用いてきた。ただ、天然の植物は、産地の違いやその年の気候などによって、その中に含まれる有効成分の含有量が一定しておらず、薬効が不安定なものであった。

有効成分を取り出し、必要量を投与できれば、確実な薬効が期待できる。忍者はその効率の良い植物や、その自生地などを把握し、利用していたと思われる。

薬草の効能、使い方熟知

毒は、用法、用量によっては薬になる。忍者の毒に対する知識は、薬の開発にも役立った。それが自らの病気やけがを治しただけでなく、忍者は薬売りに変装し、薬売りをしながら情報収集をしたとされている。

忍者が主に持ち歩いていた薬は、虫下し、下痢止め、鎮痛剤など。代表的なものに紫金《しきん》丹《たん》や陀羅尼助《だらにすけ》がある。

忍者が用いた薬草

一般名	生薬名	薬　効
ドクダミ	十薬（ジュウヤク）	あせも、ただれ、腫物、鼻炎、蓄膿症、腎臓病、腎炎、動脈硬化、高血圧、高脂血症など
カンゾウ	甘草（カンゾウ）	胃潰瘍、十二指腸潰瘍、腹痛、解毒
センブリ	当薬（トウヤク）	胃もたれ、消化不良、腹痛、食欲不振
クズ	葛根（カッコン）	腹下し、解熱、発汗
アサガオ	牽牛子（ケンゴシ）	便秘
アカメガシワ	野梧桐（ヤゴドウ）	湿疹、かぶれ、ただれ、おでき、胃痛、胃潰瘍
キハダ	黄檗（オウバク）	腹下し、胃炎、関節痛
アケビ	木通（モクツウ）	利尿、むくみ、鎮痛
ミカン	陳皮（チンピ）	利尿、むくみ、咳、たん、胃炎、胃もたれ、虫下し
ハトムギ	薏苡仁（ヨクイニン）	利尿、ニキビ、肌荒れ
ジャノヒゲ	麦門冬（バクモンドウ）	咳、たん、滋養強壮、催乳
アサ	麻子仁（マシニン）	咳、たん、便秘、血糖降下
カボチャ	南瓜仁（ナンカニン）	動脈硬化、がん予防

✦薬効の記載があるが、実際に使用する場合は専門医の指導が必要

◇紫金丹

成分の「山慈姑《さんじこ》」はアマナ（ユリ科）の地下茎を乾燥させたもので滋養強壮に、「五倍子《ごばいし》」はヌルデ（ウルシ科）の葉で、吐き下しに効くタンニンを多く含んでいる。さらに、タカトウダイコンと、ジャコウ（ジャコウジカの麝香《じゃこう》腺）をそれぞれ乾燥させ、これらの粉を丸薬にした。利尿作用のあるタカトウダイコン、香料、去痰《きょたん》目的でジャコウが用いられていると考えられる。

したがって、紫金丹は置き薬としても最適で、腹痛から疲労まで、常備薬的な役割を担った薬だ。そうなれば定期的に薬を売りにきたふりを

して、その辺りを偵察し、地域情報を収集していても、誰も怪しむ者はいなかっただろう。

◇陀羅尼助

キハダ（ミカン科）の樹皮を水で煮詰めたもので、大腸菌、赤痢菌、コレラ菌、ブドウ球菌などに抗菌作用を持っている。腹薬として知られ、今でも奈良・大峰山《おおみねさん》の土産物として存在している。

注目すべきは、忍者は苦い味の陀羅尼助をちょっとユニークな方法で使ったことだ。何日にもわたる張り込みの中、これをひとなめして眠気を覚まし、張り込みを続けたとされる。

さらに、忍者自らの病気やけが、健康を助けるための薬として、前ページの表のように、多くの薬草を食事やお茶に使っている。これらの植物を見分け、使う方法についての知識を集積、利用していたことが考えられる。

毒の知識伝承　間違い？

忍者は薬の知識も深く、さまざまな場面で薬と薬草を使い分けることができた。中でも、トリカブト、キンポウゲ、チョウセンアサガオなどの毒がよく知られている。また、毒や薬の知識は怪我の応急処置や薬の行商人に姿を変えて要人に接近するためにも必要であったとされる。しかし、間違ったまま伝えられているものもあるようだ。

その一つに昆虫の「ハンミョウ」がある。これで毒薬を作り、暗殺に用いたとされているが、日本で見られる一般的なハンミョウは、コウチュウ目オサムシ科の毒を持たない昆虫である。ご存じの通り、人が山道を歩くときに、歩く前を飛びはねて道案内をしてくれる奇麗な甲虫で、日本のハンミョウは無毒・無害の種である。毒があるとされる「ツチハンミョウ」や「ミドリゲンセイ」とは基本的に種が異なる。

一方、中国には毒をもつ種のハンミョウが生息している。毒の成分はカンタリジンだといわれ、これが皮膚に付くと炎症（水疱《すいほう》形成）を起こし、その致死量は30ミリグラムと強力である。

しかしながら、中国でも実際に使用して毒殺されたとする記録はみられない。伝承の際に間違えて翻訳され、その間違いは現代まで訂正されていないようだ。忍者がハンミョウの粉末で暗殺しようとしても暗殺はかなわず、単にたんぱく源の補給になるだけだ。

二つ目は、「宿茶《しゅくちゃ》」と呼ばれる、玉露の煎じ汁から作ると伝えられる毒薬だ。質の良い茶を濃いめにいれて竹筒に注ぎ、そのまま40日間、土の中で放置して作り、これを数滴、食事ごとに与えると70日ほどで死に至るのだとか。

こうすることによって、タンニン、カフェイン、ビタミンA、タンパク質などの茶の成分が変化（腐る）し、いわゆる下痢などの食中毒を引き起こし、体力が消耗、死に至る。何となくもっともらしいが、作製に時間がかかり、また、その少量を長期間、毎食時に用いるというのでは、本当に暗殺に役立つのかどうか定かでない。

「暗殺に適する毒」としてはほかにも知られ、前記の二つは、中国からの伝承がそのまま忍者に伝えられているのみで、実際に使用されたことはないのではないか。

野草の薬効に深い知識

忍者は忍術の稽古・修行に励んでいたとされ、多くの忍術の中には薬草、毒草の利用や体力を無理なく維持する方法などを身につけることが含まれている。

忍者の携帯食には多くの薬草が用いられ、兵糧丸、水渇丸等の忍者食には、タンパク質、エネルギー源、アルカロイドなどが、それぞれの目的に適した配合で機能していることは周知のことである。

薬を作り、利用するには、野外で薬草を摘み、食し、残れば乾燥して後日煎じて飲用する。これらの野草を利用する際には薬草か、どんな効能があるのか、毒はないか、本当に食べられるかなどの知識が必要で、忍者はこれらに関する十分な知識を有し、薬として利用していたとされる。

春の野山には、ヨモギ、ドクダミ、ワラビ、ゼンマイ、野アザミ、イタドリ、タンポポなどが芽吹き、葉や根茎を摘んで食する機会が増加し、これらの薬効に関する正しい知識が要求される。

風邪のひきはじめや鼻かぜ、頭痛、肩こりなど諸症状に効能のある「葛根湯」は漢方の古典といわれる中国の医書『傷寒論』『金匱《きんき》要略』に記載されている漢方である。忍者の藤林家末流の「藤林薬法」に、ほぼ現在と同様の組成の「葛根湯」が残され、現在まで継続されている。

この薬は、多くの薬草を用いた漢方である。市販薬には、桂皮《けいひ》（シナニッケイの樹皮）、麻黄《まおう》（地下茎）、生姜《しょうきょう》（ショウガの根茎）、葛根（クズの根）、芍薬《しゃくやく》（根）、大棗《たいそう》（ナツメの果実）、甘草《かんぞう》（根）から抽出したエキスが利用されている。

薬草は、それだけで効果が期待されるものと、漢方の処方で効果が期待されるものが知られ、さまざまな症状からの回復、および外傷の治療に用いられてきた。

なかにはドクダミのように、いろいろな症状に対応できるものもあり、過去に限らず現在でもその効果が期待されている。

コラム8
手裏剣投げ方　状況次第

池浦良淳

皆さんは、忍者の手裏剣の投げ方について、どんな姿を想像するであろうか。筆者は、子どもの頃に見たアニメ『忍者ハットリくん』に影響されて、図1のような姿を想像する。すなわち、片手に数枚の手裏剣を重ねて、次々と投げる姿である。しかしながら、このような投げ方では、あまり遠くに飛ばすことはできないであろう。ここでは、手裏剣の投げ方について、力学の観点から考えてみたい。

まず、手裏剣の投げ方には、図2に示すように、「本打ち」「横打ち」「逆打ち」の3種類がある。本打ちは、野球のオーバースローのような投げ方、横打ちはサイドスローのような投げ方である。逆打ちは野球の投げ方にはないが、図1の場合と同様に、肘を中心に腕を伸ばすように投げる。直感的にも本打ちが最も威力ある投げ方のように思えるが、これを力学的に見てみよう。

まず、手裏剣が飛ぶときの威力を表す値として、運動エネルギーがある。運動

図1

アニメなどで描写される
手裏剣の投げ方

図2

エネルギーは手裏剣の飛ぶ速さが大きくなるに従って大きくなる。つまり、投げるときの手裏剣が手から離れる速さが大きければ大きいほど手裏剣の威力が大きくなる。それでは、手裏剣が手から離れるときの速さはどのように生まれるのであろうか。

話を簡単にするために、投げ始めから手を離れるまでの手裏剣の加速度を一定としよう。すると、手裏剣が手から離れるときの速さは、加速度と投げ始めから手を離れるまでの時間の掛け算となる。さらに、加速度は手裏剣を投げる力の大きさに従って大きくなる。つまり、投げる力と時間が大きければ大きいほど手裏剣の飛ぶ速さが大きい、すなわち運動エネルギーが大きくなり、威力が増すことになる。

ここで、投げ方を改めて見てみると、本打ちは腰を中心に、横打ちは肩を中心に、逆打ちは肘を中心に投げている。腰、肩、肘回りを考えると、最も力を出すことができるのは腰であり、次に肩、最後に肘となる。従って、投げる力の大きさも、本打ち、横打ち、逆打ちの順となる。

投げる時間であるが、本打ちが腰回りで最も手裏剣を長い時間持って投げることができ、次に肩回りの横打ち、最後に肘回りの逆打ちとなる。投げる力とその時間が手裏剣の速さを決めることを思い出すと、最も手裏剣を速く投げることができるのは、本打ちであり、次に横打ち、最後に逆打ちとなり、威力もこの順となる。

以上、力学の観点から手裏剣の三つの投げ方について考えてみた。最も威力ある投げ方は本打ちであるが、それではなぜ、横打ちや逆打ちの投げ方があったのであろうか。

手裏剣を投げる状況は、相手との距離や、投げる体勢によってさまざまであったに違いない。つまり、状況に応じて臨機応変に投げ方を変えていたのであろう。それぞれの投げ方において、手裏剣の威力を増すためには、日々の鍛錬が必要であり、改めて忍者の身体能力に感心する。

第九章
精神科医の見地から

小森照久
［医学博士、精神科医］
三重大学名誉教授

小森照久

三重大学名誉教授

1954年生まれ。三重大学医学部卒業。三重大学大学院医学系研究科助教授、教授などを経て、現在は同大学名誉教授。多度あやめ病院名誉院長、医学博士、精神科医。うつ病の病因、ストレス緩和を研究。著書に『忍者「負けない心」の秘密』（青春出版社）など。

呼吸法「息長」で精神休息

私は精神科医で、本来の専門はうつ病やストレスの研究だが、三重大学の忍者研究に医学的な観点を加えようと、2015年から関わっている。

実際の忍者はフィクションの忍者像とは異なり、戦いを巧妙に避けていたという。敵の中にいて絶えず命の危険がある。ストレスに満ちた状況を、どうやって生き抜いたのか。忍者も人間。特別な休息の方法があるはずだ。

忍者の呼吸法にはさまざまな種類があり、主なものは「二重《ふたえ》息吹」「息長《おきなが》」「逆腹式呼吸」である。このうち私は「息長」の効果を確かめることにした。

忍者は、短く割いた紙を鼻の頭に付け、これを長くなびかせる鍛錬を通じて息長を習得した。極めてゆっくりな呼吸で、自分の気配を消す忍びの仕事に有効だった。それ以上にストレスや不安を打ち消し、忍者の根本精神である不動心を生む効果があった。

息長の心身に及ぼす影響を実験で確かめることにし、本学の社会連携特任教授の川上仁一氏をはじめ、忍術の習得者5人に被験者として協力していただいた。息長を30分間続けてもらい、その間に脳波を測定し、心電図を計測、解析することで自律神経機能の働きを確かめた。

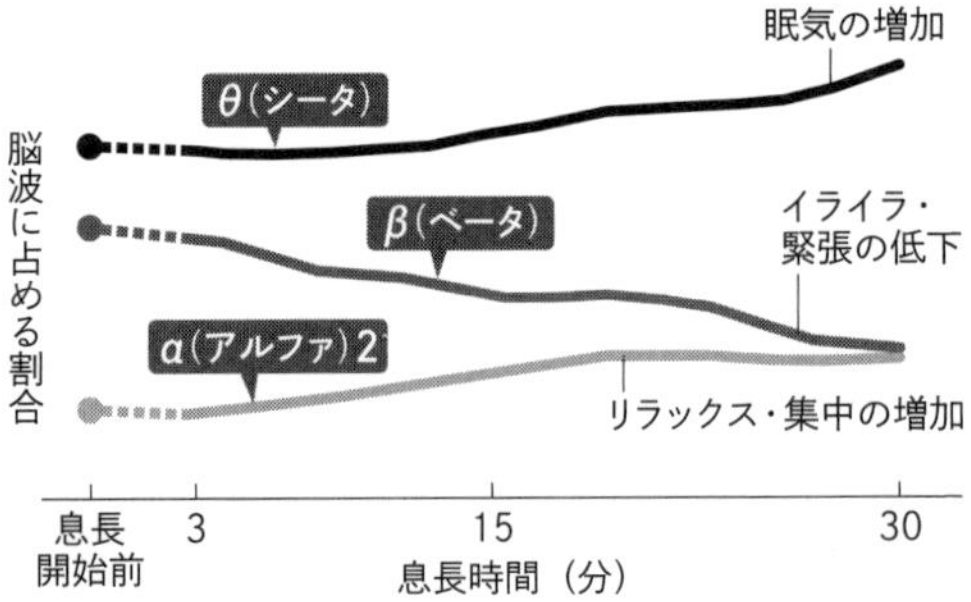

「息長」中の脳波の変化

脳細胞は弱い周期性の電流を出しており、それを計測したのが脳波だ。周波数の速いものから順に、β《ベータ》、α《アルファ》3、α2、α1、θ《シータ》などがある。速い波は「緊張」、中間は「落ち着き・集中」、遅い波は「眠気」を表し、それらの比率で脳の状態がわかる。自律神経には交感神経と副交感神経があり、身体機能を前者は〝戦闘モード〟、後者は〝休息モード〟にする。

息長開始から15分が経過した頃、「睡眠」に関連するゆっくりした波形のθ波が優勢となり、大脳の活動が低下。それに対して「緊張や不安、イライラ」を示す速い波形のβ波が減少した。外見上も明らかに眠りに入ったように見えた。

驚いたのは、α2が同時に増えたことだ。α波の中でも特に「リラックスと集中」を示す波形であり、睡眠時に出現することはあり得ない。脳の多くの部分は機能を落としているが、ある部分は極めて冴えていることを示している。自律神経は〝休息モード〟だった。

終了後、被験者に聞いてみると「眠ってはおらず、感覚が非常に鋭くなっていた」と語った。そう、被験者は「眠っていなかった」のだ。

明らかに睡眠とは違う、この状態は「瞑想《めいそう》」と解釈するのが妥当であろう。ある被験者は「息長の間に、自分が太陽と一体になっていくイメージを持った」と言っていた。瞑想によって忍者は宇宙の真理と一体になることができ、これこそが忍者の精神性の根本ではないかと考えられる。

印結べば眠気も緊張も減少

呼吸法に続き、忍者のシンボルである「印《いん》」の医学的な意味について紹介する。印には、呪文を唱えてまじないをかけ、ドロンと消えるイメージがある。実際の忍者は、トリックで消えたように見せることはあったかもしれないが、印の意味や本当の目的は違うようだ。

印は、修験道の「九字護身法」の流れを汲んでいる。「臨、兵、闘、者、皆、陣、烈、在、前」の9文字には、それぞれ神仏が対応していて、山伏は印を結ぶことによって魔を遠ざける。

忍者の印は宗教性が薄れ、自然や宇宙の真理に対する祈りの意味になっている。両手で印を結んだ後、右手を刀に、左手を鞘に見立て、マス目を描くように空を切る。

実験では、印を結んだあと約15分間、眠気を示すθ波と緊張を示すβ波が減少し、集中

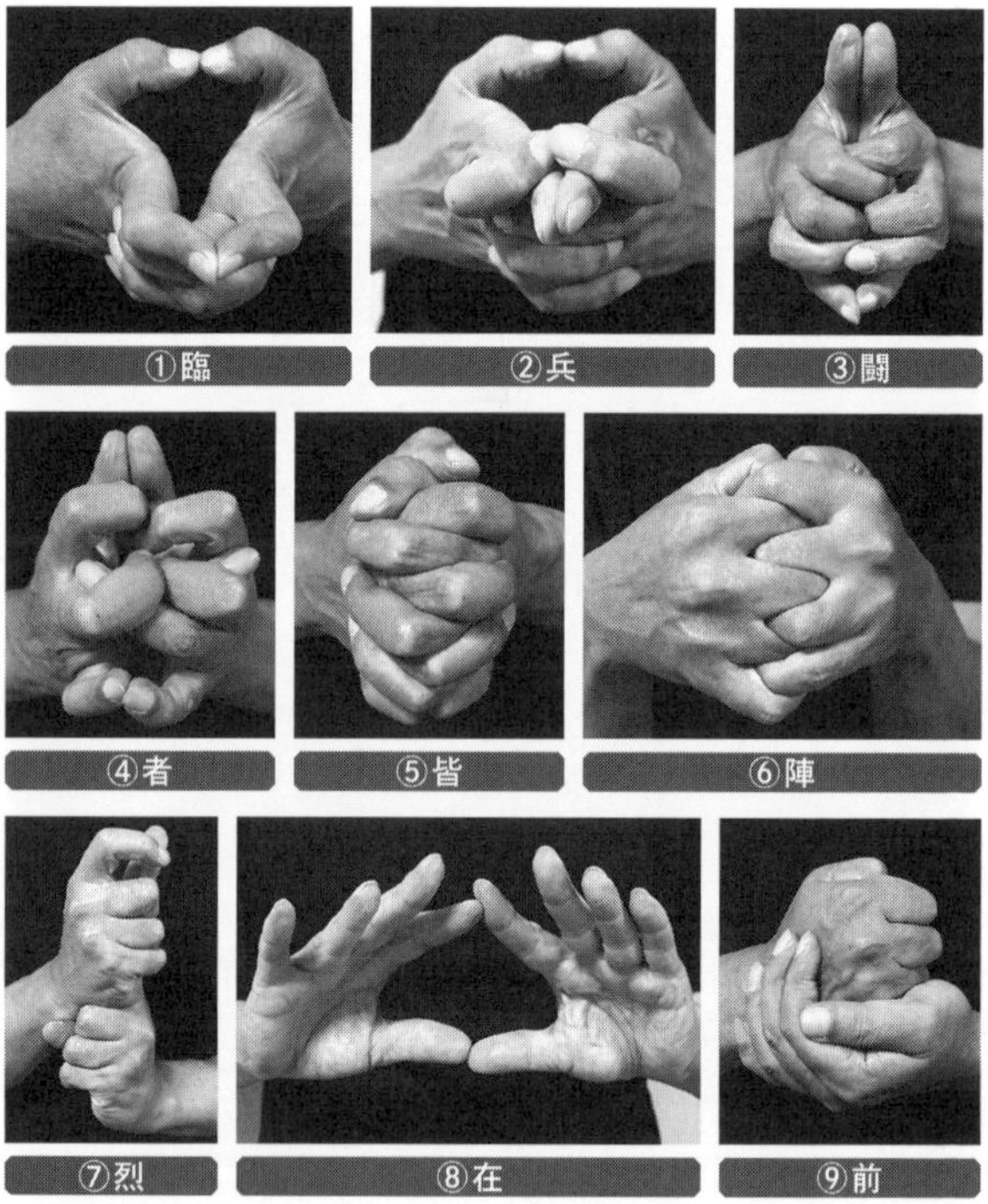

数字の順に結ぶ「印」

とリラックスを示す$\alpha 2$が増加した。このとき、戦闘モードの交感神経機能は低下し、休息モードの副交感神経機能は上昇した。

戦いの前に印を結ぶわけだから、なんだか逆のようにもみえる。だが、この状態では意識は集中し、かつ柔軟で、おそらく感覚は研ぎ澄まされている。さらに、身体はこわばることなく即応態勢にあり、どんな戦いにも対応できる優れた状態なのではないか、と私は解釈している。

印の後で戦いに見立ててクレペリンテストという計算課題を30分間してもらった。普通の人では脳波でβ波が増加し、交感神経機能が上昇、副交感神経機能が低下した。これに対して、忍者ではβ波が減少、α2が増加してストレス反応を示さず、交感神経機能の増加と副交感神経機能の低下も一過性で終わった。つまり、忍者はストレスに対して柔軟に対応できることが示された。

「戦いの前の印によって宇宙からエネルギーをいただき、戦いが終わると極めて短い印を結び、エネルギーをお返しする」。忍者の言葉である。宇宙の真理とともに生きる忍者の姿は気高く見える。

ラグビー日本代表で見られた〝五郎丸ポーズ〟などのルーチンと「印」の異同をよく聞かれる。結果的には同じかもしれないが、ルーチンは心の変化による行動の変化をなくすためのものだ。一方、印は祈って宇宙からエネルギーをいただくためにある。忍者は宇宙の真理と一体になって生きる精神性を持っている。

執着心捨てる「放下着」

私は時々、抹茶を楽しむ。そのきっかけは、大学2年のとき、京都の大徳寺大仙院での経験。禅に興味があり、経験したいと思ったが、永平寺へ行くほどの覚悟もなく、おもしろそうな所をさがした。当時の住職は尾関宗園さん。手紙で頼んだら、快諾。

夏休みに寺の近くに安宿をとって5日間通った。枯れ山水の手入れなどをしていたOさんのお手伝いが主だった。Oさんは日本画家志望で、とてもいい人。大仙院には見事な枯れ山水の庭がある。深い渓谷から出た水が河になり、大河になり、大海となる。

3日目に住職から少しお話。いよいよ座禅かと思ったら、庭の草引きの指示。「これも禅だ」と。今はその意味がわかるが、「クソ坊主」と思った。4日目、寺の人から観光客相手に抹茶を出すように言われた。「やったことないです」と言うと、「いいから、人がいないので頼みます」と。あとでわかったが、住職の指示だった。

簡単な手ほどきを受けて1日お茶の接待。多くは外国人観光客。とてもおもしろかった。最終日の5日目、草引きを進んでした。住職が「おもしろいか」と声をかけてきたので、「はい」と応じた。住職にお礼を言うと「いい精神科医になれ」とニッコリ。皆さんに挨拶をして失礼した。

宗園さんは、住職を退かれたが、80歳を超えても変わらず元気。日常のさまざまなことで禅はできる。何かのために何かをするのではなく、事を完結させる。一体になること、それが禅。草引きもお茶も、何もかもが禅。一体になれば、見えてくる。今を精一杯に生きることだ。

あれから40年、忍者の研究に関わって禅に再会。忍者は禅の考え方を取り入れていた。

なかでも興味深いものが、「放下着《ほうげじゃく》」だ。放下とは捨てるの意で、着は強調の「！」に相当し、「捨ててしまえ！」ということ。

捨てるのは、物事への執着心。執着心はあきらめない心にもなり、目標達成には重要だが、裏返せばストレスだ。そこで捨てることも必要。忍者は生き抜くことが最優先で、こだわりは死につながる。

精神科医として、この考え方を現代人にも知ってほしいと思う。思い切って何かを捨てて生きる選択をすれば、過労死や自殺を回避できるかもしれない。

忍者にとって放下着には通俗的な価値観を捨てるという意味もある。既成概念では人をだますことは悪だが、忍者としては善であり得る。忍者は確固とした背景を持ち、自己の価値観を持っている。

社会で生きるには通俗的価値観は必要だが、すべてをそれに合わせる必要はない。通俗的価値観での敗者が、自己実現で勝利すれば、人生の勝者である。

人間関係築き情報収集

近頃、人間関係を築くのを避ける人が目立つ。SNSやバーチャルリアリティーで、現実には会わない人との関係に依存する。独りでは寂しいけれど、リアルな関係は面倒とか、傷つくのが怖いと言う。人間関係はストレスの大きな原因だが、人は一人では生きられない。衣食住のすべてを一人でこなすことは不可能で、人は共に生きることによって人であり得る。

忍者の重要な任務は敵地での情報収集。手裏剣を使う戦いはほぼフィクションだ。屋根裏に忍び込んで聞き耳を立てるのはリスクが高い。最善の方法は人間関係を通じての情報収集だ。

同じ趣味や生活習慣を持つ人とは、初めから垣根がない。「風流で取り入る術」だ。おだてられると悪い気はしないことを利用して取り入るのが「喜車の術」。塀を越せないときに地面に穴を掘って忍び込む方法を「穴蜘蛛《ぐも》地蜘蛛之伝」と呼ぶが、蜘蛛の巣のようなネットワークを使って敵を陥れたり、情報網を張り巡らせたりする意味もある。

忍者は、本質的に心の弱い部分に働きかける。それは「五欲」「七情」。「五欲」とは本能的な欲求で、食、色（性欲）、もの、風流（趣味）、名誉のこと。「七情」とは喜、怒、哀、楽、愛、悪、欲で、人の感情や気分だ。生まれつき喜びやすい、怒りっぽい、悲観的、楽しむ、愛情深い、憎しみが強い、欲深いということ。五欲、七情のそれぞれの配合具合によって人間性が作られ、それを見極めることが相手を理解する第一歩だ。

好きな対象がいるとき、同じ趣味を持とうとする。趣味を通じて恋人ができることもある。最近は上司が〝飲みニケーション〟に誘っても断る若者が多いが、抵抗感が少ない別のことでよい。

とても怒りっぽい人とどうしても関係を作らないといけない場合に、何がその人を怒らせているのか、現在や過去に原因を考えてみる。原因まではわからなくても、表面上の怒りをまともに受け取らないことが大事だ。愛情欲求によることもある。逆に、愛情深く献身的な人が、強い反感や嫌悪の気持ちを持っていることもある。隠れた本心は、その人が隠している弱点であって、取り入るなり、調略するのに格好のねらい目となる。

忍者は何かを判断するとき「四知之伝」を使った。四知とは、望、聞、問、切で、「望」で全体を見て、「聞」で相手の様子を見て疑問点を見つけ、「問」で疑問点を相手に投げかけて反応を見る。「切」で総合判断。診察とまったく同じだ。

怖がらず、よく相手を見て接すれば、相手も人間関係なしには存在できないので、コミュニケーションはとれる。その達人である忍者に学び、ストレスが少なく、有意義な人間関係を築いてみてはどうだろう。

死意識　精神的強さ生む

私の本業は精神科医。「生きる意味がわからない」と言う人に出会うことがある。主に聞き役だが、「生きていること自体が素晴らしく、価値があると思いますが、どうですか」と問い返す。価値観を押し付けないが、生きる意義を見いだすきっかけになればと思う。このテーマから、忍者の精神的な強さを私的に考える。

自分の存在理由を誰も説明できないと思う。だから生きる価値や意味がわからないのは無理もない。人には根源的不安がある。自分の存在について、ただ一つ確かなのは「死」があること。これで自分の未来、時間軸が設定される。死は必ずしもネガティブなものではなく、存在を確定する〝生の裏返し〟だ。

過去はかつてあったままの自分を取り戻し、意味を与え直すことで、現在は、そうした未来と過去の中で自分の置かれた状況を瞬間的に直視すること。瞬間はたえず生まれ、同時に死んでいる。現在は刹那であるがゆえに尊い。

こうした時間感覚は、時計が刻む等質的な時間とはまったく異なる。刹那に精神性が生まれる。

中島みゆきの『時代』は名曲だ。歌のはじめは「今はこんなに悲しくて　涙もかれ果てて　もう二度と笑顔にはなれそうもないけど」と暗い。しかし、「そんな時代もあったねと……今日の風に吹かれましょう」と過去を受け入れ、現在はさらっと存在している。未来、つまり死を意識した内容でもある。

過去の受け入れは、現在の肯定によってなされる。現在は刹那で、直観的なものだ。空虚でも苦悩ばかりでもない。刹那を実感するには、俯瞰《ふかん》的、つまり、少し視点を上にして眺めるような見方がよい。人との関係性についても同様だ。森や花のにおいを感じ、昆虫や鳥を見て、川のせせらぎを聞いて、自然の営みや四季の移ろいに身を置くとよい。旅に出て人との出会いを経験するのもよい。神秘的刹那の連続だろう。

中島みゆきの『時代』にある「今日は倒れた旅人たちも　生まれ変わって歩き出すよ」は、輪廻《りんね》転生を指すが、現世のことも言っているのだろう。生まれ変わるなら今のほうがよい。リストカットや逸脱行為で自分の感覚を確かめるのではなく、悲しみで存在を否定するのでもなく、今を感受性豊かに味わうことが現在の肯定につながる。

忍者は死と隣り合わせでいながら生きることが使命だ。克服すべき最強の敵が「不安」であった。厳しい鍛錬の中には、死の一歩手前のような体験もあった。死の意識によって生きる意味が明確になる。

先に紹介したように、意識の集中とリラックスを導く「印」も息長も、不安を克服する有効な技だ。特に息長では不安を抑制しながら、感覚は極めて鋭い。感覚の鋭さは周囲への警戒でもあるが、今と一体になることであり、自分の時間軸を刻む。生は死の裏返しであり、忍者の強さの秘密はここにあると思う。

忍者の考え方　理解して

最後に、精神科医として私が忍者研究から得たことについて記したい。

この研究に関わったのは、私がストレスの研究をしていることに目を付けた久松眞名誉教授と山田雄司教授から誘われたからだ。２０１６年に日本科学未来館で開催され、その後、津市を含めて各地を巡回した忍者の企画展の準備で、研究の幅を広げたいということだった。

私は興味津々ではあったが、1年もない期間内に数値で示す結果が必要で、研究テーマと方法を随分と考え、苦労もした。忍者ならば「印」は外せない。結果的には「印」の効果を脳波や自律神経機能で解析し、ストレス対処に効果的であることを示すことができた。

しかし、当初はうまくいくかどうかに懸念もあり、何か別の「保険」が必要だった。いろいろ調べて、「息長」という特異な呼吸法に注目した。呼気が1分も続くので結果が出る可能性が高いと読み、狙いは当たった。息長によって、休息に導く副交感神経が刺激され、脳波上で瞑想に至る可能性を実証した。

忍者研究の成功は、私にとって大きな意味があった。精神の健康に最も重要なことは不安の克服だと以前より考え、さまざまな実験を重ねてきていて、忍者の精神や技は大きなヒントになったからだ。

一般の人に息長は不可能だ。１分間も息を吐き続けられないし、無理して長く吐いても逆に緊張が増す。そこで、一般の人が可能な方法を検討して論文発表を行い、今後解説書を出版予定であるが、重要なのはテクニックの背景にある考え方だ。

個人的にはストンと腑に落ちる。かつてヨーロッパを放浪して感じた「自己肯定」、禅寺で教えられた「今を意識する心」、ハイデッガーの「実存哲学」、マックス・ピカートの「沈黙」、その他いろんなことが全部つながる。ただ、これまでの研究とはまったく異質であり、裾野も広すぎるし、個人的な経験に根差している。

昨年、『偶然は必然』という本を出版した。最終講義のまとめにエッセイなどを加えた。腑に落ちたことを個人レベルで終えるつもりはなく、人の役に立てるための第一歩だ。キーワードは「生き抜く」と「不安の克服」。

先ほど、中島みゆきの『時代』をネタにして、実存哲学と忍者の考え方について書いたが、身の回りの読者からは難しいとの声も聞く。

哲学的な話なので簡単に理解されるはずもないし、皆にあてはまるものでもないが、わかりやすく話していくのがこれからの私の仕事だろう。その結果、誰かの役に立てばよい。たとえば、過労死を防ぐために、忍者の生き抜く考え方は有意義だろう。

ちなみに、拙著『忍者「負けない心」の秘密』の英語版を米国で昨年出版した。著作や講演を通じ、理解して頂ける人を地道に増やしたい。

もともと、精神疾患では脳内の神経伝達物質がどうなっているか、という研究をしていた。それはそれで重要なことだが、忍者研究を契機に、物質には還元しにくい精神のあり方に今は思いを致している。

コラム9
縫い針で磁石　方位知る

紀平征希

見知らぬ土地で方位を知ることは、忍者にとって重要なことであった。方位を知る手段として、昼間なら太陽の方向、夜間なら月や北極星などの星の方向から判断することができる。しかしながら、天候によって太陽や北極星を見ることができないときもある。

そんなとき、忍者が使ったのが、今でいう方位磁石だ。忍者は、薄い鉄で船の形をした「耆著《きしゃく》」（耆著屈と表記することもある）という小さな道具、あるいは縫い針に仕掛けをして持っていたようだ。

さてそれはどんな仕掛けをしていたのであろうか。縫い針、あるいは耆著を真っ赤になるぐらい熱し、すぐに冷ますだけである。そして、水に浮かべると、針が南北を指すのである。

果たして本当にできるのか。2015年6月、伊賀研究拠点（伊賀市ゆめが丘）で実験してみた。黒井宏光氏監修の書『忍者に学ぶ心・技・体　正伝　忍者塾　下巻』（すずき出版）にある通り、実際に縫い針の先をガスバーナーで熱し、冷ましてから水の入ったガラス容器に浮かべた。すると、縫い針はゆっくり回転し、南北を指した。

ところが、日を変えて何回かやってみると、針全体は南北を指すのだけれども、針先は北を向くときもあれば、南を向くときもあった。これでは正確な方位がわからない。

再度、歴史群像編集部編『決定版　忍者・忍術・忍器大全』（学研プラス）など複数の文献を調べてみると、「針先を熱した方が南を指す」「針が南北を指している」「針の先が向いた方が北だった」など、文章の記述が一致していなかった。これらのことから、針先が北を向くのか南を向くのかまでコントロールできるのかという疑問が生じたのである。そこで、地学の文献を調べたり、実験を繰り返したりした。

行き着いたのは、針全体を赤くなるまで熱し、冷却する時の針先の向きによってコントロールできるということだ。つまり、冷却時に針先を南に向ければ、水に浮かべた針の先は南を向くようになり、針先を北に向けて冷ませば北に向く。

これは「熱残留磁化」という仕組みを利用したものである。鉄はもともと磁石にくっつくが、ある一定の温度（キュリー温度）まで熱すると、その磁性がなくなる。そしてそれを冷やすと、鉄は地球の磁場の影響をうけて再度磁性を帯びるのである。このような磁化させる技術は中国で11世紀頃には使いこなしていたようである。

再実験は16年5月、初めて野外で挑んだ。実際に、この針を使って方位を調べると、針先が目的とする方位を正確に指した。ところが、風のある所でやってみると、その影響を受けて判断できないこともあった。

いずれにしろ、忍者は、現代でも専門家だけが知っているような科学的知識を有していたようだ。

紀平征希
三重大学伊賀研究拠点研究員
１９７７年生まれ。滋賀県立大学大学院環境科学研究科博士後期課程修了。湖沼や河川などの水環境（水質や微生物）に関する研究に取り組む。

第十章

世界に広がるNINJA

クバーソフ・フョードル

元・三重大学国際忍者研究センター
研究員

クバーソフ・フョードル
元・三重大学国際忍者研究センター研究員
1986年ソ連レニングラード市（当時）生まれ。サンクトペテルブルグ国立大学東洋学部東洋諸国史学科卒業。同大学大学院修士課程修了。ロシア科学アカデミー東洋古籍・文献研究所東洋諸国史研究科博士課程単位取得満期退学。三重大学国際忍者研究センター研究員を経て在野で研究を続ける。

ダークな魅力　海外席巻

三重大学の国際忍者研究センターに雇用され、忍者の歴史を研究する傍ら、三重大学の忍者研究について成果の英訳・発信を担当している。また、国際忍者学会に入る外国人研究者たちとも、やり取りしている。そこで、海外の忍者ブームや忍者研究の国際化の意義について少し述べたい。

忍者に関する情報が海外に発表された例は戦前にもあるが、ブームになったのは1964年、米国の週刊誌『ニューズウィーク』4月3日号で当時の日本での忍者ブームと、〝最後の忍者〟と呼ばれた藤田西湖氏が紹介されてからだ。

その直後、米国のいくつかの一流大学から忍者の情報に関する問い合わせが日本に来た。同時に、イアン・フレミングの有名な小説『007は二度死ぬ』をはじめ、忍者が登場する大衆向け小説が続出した。80年代からは、ハリウッドで数多くの忍者映画が撮影され始めた。なお、海外における忍者ブームのさらに詳しい話や参考文献に関しては、拙稿「外国人の目から見た忍者」（吉丸雄哉、山田雄司、尾西康充編著『忍者文芸研究読本』所収、笠間書院）を参照されたい。

現代社会を背景に動いている忍者が、暗くて反社会的、同時に万能に近い存在と描かれ、

忍者を紹介する欧米の書籍

ダークな魅力の持ち主とされた。米国のコミック・ヒーローの中に忍者的な色合いが濃いキャラクターも少なからずあり、特にバットマンはヒーローになる前に忍術を修行した場面もある。

２０１８年に公開された日本のアニメ映画『ニンジャバットマン』もその顕著な例だろう。この忍者のイメージが、米国大衆文化の一部として世界各国になだれ込み、それぞれの忍者ブームを促した。忍者をテーマにする香港や台湾のカンフー映画がその好例だ。

そして海外では、「忍術道場」が雨後の竹の子のごとく現れ始めた。忍者を目指して真面目に武道を学ぶ人あり、暴力集団か、変な宗教のような団体もあった。「忍術を教えます！」と入会金を集め、〃ドロン〃する者もいた。

その一方、かなり真面目な忍者の研究が、海外にもいくらか現れた。早くは90年代前半、日本の忍者研究本を基に書かれた海外の学者の著作が、何冊も上梓《じょうし》された。

近年には、日本でも発表されていない資料が翻案された。ベルギー人のセージ・モルにによる『Takeda Shinobi Hiden』、英国の歴史学者アントニー・クミンズと翻訳家南快枝による『Iga and Koka Ninja Skills』、米国の民俗学者スティーブン・ノジリによる『Sacred Conspiracy』などだ。

国際忍者研究センターの役割の一つは、優秀な忍術研究者たちとの交流だ。学術的な討論の場を作るのはもちろん、今まで忍者の研究をしていない海外で一流の日本学者に声を掛け、忍者の研究に協力してもらう狙いもある。

センターや学会創立に関するニュースが海外に伝わり、各国から早速、「私たちが学んできた忍術の正当性が証明される」「いよいよ忍者の真実が明らかになる」「どうして我が国にはそういう研究がないのか」などの声が上がっている。三重大学の忍者研究に、世界中からの注目と期待の高まりを感じる。

バットマン　忍者を投影

米国のコミックに登場するヒーローには、忍者的な色合いが濃いキャラクターが多い。なかでも、バットマンは特筆すべき存在である。その「忍者らしさ」について少し考えてみたい。

アメコミの世界では、主人公が生まれつき超能力を持っている、あるいは偶然それを身に付けるというパターンが常だ。ところがバットマンは、体、知能、精神の厳しい鍛錬や先進的な道具のおかげで、超人に近い能力を持つ。「俺も頑張ればバットマンのようになれる」。この点が、世界中のファンを魅了している。

訓練によって並々ならぬ戦闘力・行動力を身に付けるというところが、すでに忍者のイメージと共通するに違いない。そのうえ、黒っぽい格好をして、人の目を忍んで行動する。縄道具を使って高所に上ったり、屋根伝いに走ったり。スパイ・ガジェットや手裏剣を思わせる飛び道具を使う。いずれも、少なくとも大衆が持つ忍者のイメージに近い。

悪漢と戦い、バットマンのような生活をするため、一般人がどんな訓練をすればよいか。この問題を、神経科学とキネシオロジー（人間や生物の身体運動研究）の視点から検討した、カナダ・ビクトリア大学教授のE・ポール・ゼア氏の著書『Becoming Batman』（2008年）では「もし、武道の一つの種類を選ぶのなら、バットマンはきっと忍術を選ぶだろう」と推測している。ただし、忍術を武道の仲間ととらえるのは、海外に蔓延《はびこ》る誤解であり、史実とは異なる。

しかし、バットマンが初登場した1930年代の米国では、まだ忍者の知名度は低く、作者らが忍者を参考にしたとは考えにくい。戦時中の連続ドラマの悪役だった日本のスパイを除き、バットマンの物語に忍者が登場する最も早い事例は、92・93年のテレビアニメシリーズの『激突！忍者対バットマン』『サムライ魂』の２話だろう。

武士道に背いて忍者になった悪役が、最終対決のとき「バットマン、お前も俺のように立派な忍者だった！」と叫ぶ。バットマンは「私はサムライ魂の方を目指す」と言い返す。しかし、映画『バットマン・ビギンズ』（05年）では、主人公が忍術を習う場面があり、多彩で興味深い。コンピューター・ゲーム『バットマン　アーカム・ビギンズ』（13年）では、主人公に戸隠流忍術まで習わせている。しかも両作品とも、主人公が忍術を習いにくる組織が国際的殺し屋を訓練させるようなところで、日本的な色合いが薄いことも興味深い。

バットマンの忍者的な描かれ方を論じるには、日本のアニメ映画『ニンジャバットマン』（２０１８年）を外すことはできない。主人公やお馴染みの悪役たちが、タイムスリップをし、戦国時代の日本で活躍する話である。米国の犯罪者である悪役たちが戦国日本に根を張って戦国大名になりすまし、現在の軍事技術を使い支配を行うという描写が、何となく比喩的に現代を物語るようだ。また、彼らを退治しようとするバットマンと在来の忍者集団が協力をするのだが、その集団の中に「蝙蝠《こうもり》の仮面をつけた海外の忍者の伝説」が伝わり、バットマンがその伝説を実現させるというところが、現在「忍者」を日本のシンボルの一つとしてアピールし、国内外の忍者の育成にも励む日本忍者協議会の諸政策をほのめかしているようにも思えてくる。

ソ連スパイ　忍者を研究

忍者ブームが１９８０年代のアメリカから世界に広まったため、「海外の忍者ブーム」といえば英語圏に主眼が置かれることが多い。しかし、それ以前にも、海外に忍者の情報が些少《さしょう》ながら伝わったことがある。ソ連（現ロシア）で孤軍奮闘の忍者研究をした人物の話をしてみたい。

その人物はロマン・キム（１８９９～１９６７年）。ソ連では、日本研究者、スパイ小説作家として高名な人物だったが、最近の研究により彼が防諜官でもあったことが明らかになった。

キムは実際の防諜活動で、▽さまざまな書類で自分について書かれた情報をあいまいにした▽女性スパイを組織し、日本の外交官らにロシア語の教師として近づかせた――といった忍者の常套手段を思わせるトリックを使い、在ソ日本大使館と、大使館付武官の官舎の金庫から極秘書類を盗み出す任務に当たったことがある。

スパイの手段は、洋の東西を問わず一緒だったともいえるが、少年、青年時代を日本で過ごしたキムが、確実に忍者のことを知り、忍術についての情報を参考にしたとも考えられる。

１９２６年に日本を訪れた、同じくソ連の人気作家ボリス・ピリニャーク（１８９４〜１９３８年）が『日本印象記──日本の太陽の根蔕《こんたい》』を上梓する際、ソ連人民にとって難解な日本文化と歴史に関する注釈を書く作業を、キムが任された。

同書の本文にも「欧米では尾行、密偵などが不道徳とされるのに、日本では忍び、忍術なる立派な学問まで存在する」と書かれている。キムによる豊富な注釈は、鼠小僧や自来也《じらいや》を描く大衆小説から、スパイ戦の最新専門書まで参考にしながら、忍術のことを解説している。

これはロシア語初の忍術の解説で、世界的にも最も早い事例の一つだ。

ピリニャークとキムは、忍術に触れるときに「非過去時制」を使って記述している。この本からは、26年時点の日本では忍術が存在し、忍者もいるという印象を受ける。

これは単なる勘違いではない。キムの忍術観には、歴史的な忍術と、現代のスパイ戦をつなぎ合わせることが肝要だった。

キムの生涯や防諜活動については、キム研究の第一人者アレクサンドル・クラーノフ氏の著書『東京を愛したスパイたち』（藤原書店、２０１６年）が詳しい。クラーノフ氏が見つけた30年代半ばの資料から、キムが、訪日する友人に忍術の文献を持って帰るように頼み、論文執筆を計画したことがうかがえる。

小説で露に忍者紹介

キムは、忍術研究の論文を書こうとした矢先の1937年、〝日本のスパイ〟という容疑で逮捕され、論文も挫折した。

終戦から間もなく疑いが晴れ、自由になったキムが、スパイ小説に専念し、忍者のテーマに戻れたのは65年の小説『幽霊学校』(Shkola prizrakov)からである。論文では書けなかったキム独自の忍術の見解が、小説の姿を借りて広い読者層に紹介された。謎の多いこの小説について少し語りたい。

北アフリカにあるスパイ学校に入学した主人公が、入学の際に口添えした紹介者に、数々の手紙を書くという形で小説が展開する。手紙の中に、主人公が習うスパイ学校のカリキュラムが細かく書いてある。その中に〝一番大切な科目〟として「忍術」が出てくる。しかし、忍術といってもかなり現代化されたものが描写される。忍術の研究・解説本では大抵、明治維新を忍者の終わりとみることが多いのに対し、キムは、忍術の歴史を三つの段階に分け、14〜19世紀をその第1期とみる。

明治維新以降の第2期は、伝統的な忍術が、欧米の最新学術知識や技術によって近代化されながらも、日本の伝統文化とのつながりを保ち、日本ならではのスパイ術であり続ける。その代表的な担い手は陸軍中野学校である。

第2次世界大戦での敗戦以降は第3期の忍術とし、以前の忍術を参考に米国諜報部によって編み出されたものとして描かれる。惨めな有様にある戦後の日本で、米軍人らが忍術伝書を漁る場面も色鮮やかに描写される。

小説の中心になっているスパイ学校の生徒たちが習うのは、無論、その第3期の忍術。クーデターの準備、流言飛語の流し方のほか、冷戦時代の当時とあって最新の暗号や心理学に基づいたマインドコントロールなど、現代大衆向きの忍術解説本では「上忍」（忍者組織のトップの人）が心得るべきことばかりである。

最近の忍術研究では、「上忍、中忍、下忍」という概念は、忍者組織の中の階級というよりも、具体的な人の忍術上達レベルを指すという説が有力だ。小説の中でも尾行、盗聴、探索を行う「下級忍術」、下級忍術を行う人たちをスパイ網に組織し操る方法「中級忍術」、主人公が習う政治を左右する方法「上級忍術」と描写される。最近の忍者学に何となく近いイメージになっているとも言える。

もう一つ、忍術研究者の注意を惹く点は、スパイ学校の忍術の一部として「カタケシ術」（形消し術？）と名付けられた暗殺の術が出てくる。私の狭い見識では、忍術に関する日本や欧米の文献に「カタケシ術」は見当たらない。

だが、ソ連末期のスパイに関するノンフィクション・ブックや、90年代のロシアに現れた忍術解説本の中に、その「カタケシ術」や、キムならではの上中下級の忍術を、まことしやかに紹介するものを私はいくつか見たことがある。

つい最近、旧ソ連から独立したある国の軍人学校のサイトで、カリキュラムが紹介されており、明らかに『幽霊学校』からインスピレーションを受けた科目があるのを見た。文学と実社会、そして忍者の虚像と実像が溶け合っていることに驚くばかりである。

コラム10
中世　星形手裏剣なし？

クバーソフ・フョードル

忍者には手裏剣が付き物だというイメージが以前から強い。しかし、最近の忍者研究の本には「忍者が手裏剣を使わなかった」という、かなり読者の目を引くフレーズが帯に書いてあったりする。そういったものを見ると、どうも、ある種の極端な説から、また別の極端な説に走っているのではないかと思えてならない。

確かに、手裏剣術は忍術というよりも武術の一部としてとらえるべきだ。しかし、一応、忍術の資料にもわずかながら出てくる。伊賀流忍者博物館が所蔵する藤田文庫の『伊賀流忍術隠《かくし》火《び》之巻《のまき》』にも、川上仁一氏の著書『忍者の掟』（角川新書）に掲載される『伊賀甲賀兵家秘具』にも、星形の手裏剣（平手裏剣、車剣）の絵がある。

さらに『軍法《ぐんぽう》侍《じ》用集《ようしゅう》』の忍術に関する部分にも、投げ松明を「しりけん」のように投げる――と説明されている。こうしたところから考えると、想定される読者層が、手裏剣の概念のみならず、その使い方も心得ていることが推測できる。

私が忍術資料で手裏剣が出てくる事例を見つけたのは、この三つ。ただし、忍者と何らかの関係があると思われる、武術流派の伝書に出てくる手裏剣は、意識的にここでは取り上げない。だが、将来、これら以外の物も発見されることも想像に難くない。

しかし、上記の事例はすべて江戸時代以降の話である。さて、中世の忍者が、手裏剣を使ったであろうかと考えると、棒手裏剣（棒状手裏剣とも）ならまだあり得るが、大抵の人がイメージする星形手裏剣となると、筆者もやむを得ず、その反論者の陣に加わらざるを得ない。

素人が投げても格好良く的に刺さるというメリットを持つ星形手裏剣だが、致命的な傷を与えるのにあまり向いておらず、相手が鎧《よろい》武者だと考えればなおさらである。

そこは「忍者が手裏剣に毒を塗ったうんぬん」という反論が想像されるが、星形手裏剣は持ち主自身が傷つきやすいという特徴を持つ。

懐から取り出そうとして手を傷つけることも想像できるし、手裏剣の上に誤って座ったり、あるいは寝たりして、傷つくことも考えられる。木や壁などに登ったりさまざまな穴に潜ったり、匍匐《ほふく》したりしたりしただろう忍びたちにとっては、さらにその危険性が高い。毒を塗らずとも決して気持ちよくはない。

さらに、思案どころは手裏剣の原価である。今はステンレスで作られた観光客向きの手裏剣が数百円で買えるが、これですら、実際に投げて〝オサラバ〟となると、何だかもったいない。

中世にいたっては、鉄自体が貴重な材料であったはずだし、釘でも一つ一つ鍛冶屋が時間をかけて手作りした時代だ。さらに投げたくはないだろう。

そして、手裏剣の形が流儀によって違うことから考えても、自分の流儀独特の手裏剣を使うことが、隠匿を目指す忍びの者にとってはおぼつかない行為であろうことが容易にわかる。

おそらく、江戸時代以降、手裏剣術を含む武術の流派が独自の形の手裏剣を発明し、一種の練習用具として使うようになったのではないかと考えられる。

となると、中世の実戦的な手裏剣術（そんな言葉があったかどうかは別の話だが……）とは「有り合わせの物を何でも武器にして投げる心得でなければならないのでは」と筆者は思う。歴史家の網野善彦氏の印地《いんじ》・飛礫《つぶて》（石合戦）の技法（『異形の王権』平凡社）を、忍者の原型とされる「悪党」たちの兵法と関連付け、山伏と忍者を石打の名手とした考えが想起される。

なお、「しりけん」という表記は珍しく思えるであろうが、『図説・古武道史』（綿谷雪著、青蛙堂）では、「脇差や小束など短小の武器を、鋒先を自分のほうに向けて掌中ににぎり、親指でしのぎをおさえて投げ打つと、鋒先が、くるりと廻転して敵を刺す。だからシリケン（―尻剣）である」という語源説が挙げられる。「手裏剣」と「尻剣」のどちらがもともとの語源に近いのかはわからないが、「尻剣」説を取ると、どうも棒状型のほうが主流であろう。『軍法侍用集』に出てくる投げ松明も、当然星型ではないであろう。

第十一章
忍者研究の現場

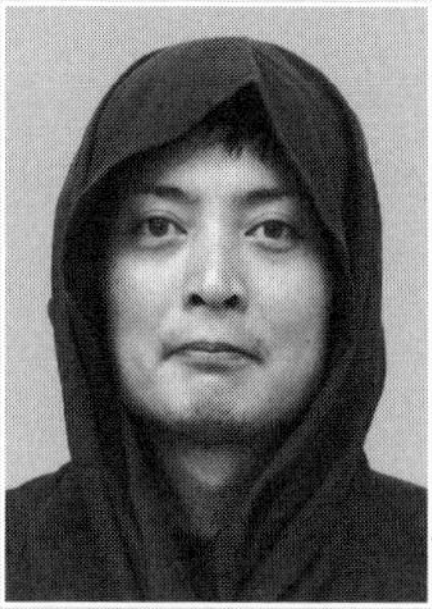

酒井裕太

三重大学国際忍者研究センター職員

酒井裕太

三重大学国際忍者研究センター職員

1983年生まれ。国際忍者研究センター職員。追手門学院大学文学部アジア文化学科卒業。食品メーカー勤務を経て2018年から同センターに入職。明治から昭和初期にかけて実在した忍術家を研究している。

地道で貴重　先人の研究

伊賀地域の郷土史家に吉住勘元という人物がいた。その名を知る人は多くはない。大々的な出版物等はなく、氏の残したものは寄稿などが主だったので、氏の個人的なデータ等は割愛する。しかしその研究は、ここにきて注目に値するものになっている。

氏の忍者研究文献を長らく探していた折、生前の吉住氏を知る方にお話をうかがうことができ、文献も提供していただいた。

この現代に忍者・忍術の研究をするには、「忍者・忍術研究家の研究」が不可欠だ。彼らがどのような研究をしていたのか、どうしてこのような結論に至ったのかなど、各々の著書ごとに新たな疑問や更なる研究の必要性が見えてくる。

昭和に出版された忍者・忍術の研究本には、事実と異なっていたり、フィクションとの境界があいまいだったり、否定せざるを得ない推測なども含まれている。

そもそも、いまだに研究の完遂が遠い忍者・忍術研究であるから、昭和初期の研究にそういった「粗《あら》」があるのは当然。それは現代でも起こりうることだ。その「粗」もまた研究要素であり、忍者学の進歩につながると考える。

吉住勘元氏の研究がなぜ貴重なものかというと、その徹底した実地調査にある。氏は、調査した砦《とりで》や周囲の地図を手書きで発表していた。その地図は非常に丁寧で、距離、建物の丈なども細かく書き込まれている。

吉住氏は寡黙な研究家で、ほかの誰かと研究をすることはほとんどなかったという。そんな吉住氏がいつも持ち歩いていたのが竹の棒だった。

氏は、あらかじめ決めた長さに切った竹の棒を調査地へ持っていき、その棒が何本分かで距離を測っては、地図に記していたという。氏の出版物は手書きのいわゆるガリ版刷りで、「一人で研究していた」ことがよくわかる。

また、氏の現地での聞き取り調査にも、着目すべきところは多い。特に、明治期に旧阿山郡大野木地区周辺に存在していたという「久徳《きゅうとく》」なる忍術使いの記録は非常に興味深い。

大野木地区の南にある白樫村の「岡八幡宮の裏山で天狗に忍術を学んだ」という久徳に関する記述は、ほかの文献では発見できず、吉住勘元氏が足を使って同地区を尋ね回らなければ、誰も知らない人物になっていただろう。

吉住氏が研究していた当時の伊賀地域は、忍者を観光で打ち出したばかりで、同時期に書かれた忍者研究本には、そんな現状を「日本の貧しい生活の素顔」などと冷ややかな視点で書いたものもあった。

そんな中、世の風潮を気にせず、実直に我が道を突き進んだ研究家・吉住の心意気は、継承されていくべきだろう。

幻術？　水上歩行や高波

伊賀の忍術使い・久徳について書くが、その前に、まずは久徳が居を構えていた伊賀市の大野木地区、及び旧花之木村について簡単に紹介したい。

『新編伊賀地誌』によると、村を構成する三つの地区名である法花の「花」、下之庄の「之」、大野木の「木」で「花之木」と号すとある。伊賀地域のほかの村同様、中世城郭の数は極めて多く、字《あざ》が三つに対し城郭跡は20件ほど確認されている。

その中でも木曽義仲家臣の今井兼平が落ち延びたと伝わる兼平跡などは、事実ならば非常に貴重な史跡であるが、花之木地区の郷土史編纂史料では「その高名を語った一党が落ちのびて来たものと思われる」と分析されている。最近では所在が不明であった忍術の「起請文」が大野木地区で発見されたばかりだ。

さて、忍術使い・久徳がいかなる人物であったかであるが、その詳細は郷土史家の吉住勘元著『さんぽ路2』において、氏が現地で聞き取った久徳にまつわる伝承を記録しているので紹介したい。

大野木村内で転々と住居を変えていたという久徳の職業は大工だった。実際に久徳が披露した忍術というのは以下のようなものである。

「村にある大池と呼ばれる池の上を、雪駄履《せったばき》で渡った」「大波を打たせると言って高波を立てた」など、確かに実際に披露されれば驚くようなものもあれば、『西瓜《すいか》を食べさせる』と言っては突然姿を消すと、上野の店からもってきたという西瓜を手にして現れた」といった、ただの西瓜泥棒のような、よくわからない術も披露している。

その他にもいくつかの術が記されているが、やはり冒頭の二つ、大池で行った術というのが本当ならば、そう易々と実演できるものではない。

また、明治─昭和初期という時代は、奇術や幻術の類いに忍術も融合されていた頃なので、一種のイリュージョンを忍術としてやってのけたといえる。

吉住氏の調査からすでに半世紀以上経っているが、現在でも何か伝承はないかと花之木地区を訪ねてみたところ、地域の方々からは「岡八幡宮の裏で忍者が修行していたとは聞いている」「なんか聞いたことがあるな」といったお答えはもらえた。

私の同窓生の一人も大野木出身で、彼の祖母が「うちのご先祖は忍者やったんやで」などと言っていたが、当時中学生だった私と友人は、そんなことよりテレビゲームに夢中であった。しかし今、久徳が高波を立てたという大池の淵から見渡す花之木地区は、確かに

「忍びの里」に見えるのである。

何者？　宮岡天外なる術者

伊賀市一之宮にある敢國神社では、毎年「黒党《くろんど》まつり」という奇祭が行われている。地誌『伊水温故』には「クロタウト」という神事が、本殿より北の河原にある花園杜と呼ばれた場所で行われていた――という記述があり、これが発祥の可能性が高い。

１９９５年に４５０年ぶりに復活し、現在では「伝統忍者集団　黒党」により、毎年忍者ショーが「奉納」されている。しかしながら、この伊賀一之宮敢國神社には、もう一つ、忍術に関わる秘話があるので、現段階まで判明しているところまで紹介したい。

１９０８年（明治41年）６月８日の河北新報に、以下のような広告が載っている。

「仙台座の大奇術　仙台座に於て興行すべき大魔術催眠術々者　宮岡天外一行（中略）動物催眠術、預言術、忍術、幻術、読心術（中略）等演ずる由」

これだけを読めば、今でいうところのサーカス団が仙台で興行をし、その中に忍術という名の見せ物が含まれていただけのように見える。

しかしながらこの宮岡天外という人物について調べてみたところ、「伊賀出身」というのである。ただ、詳細な情報はなく、伊賀の生まれという「キャラクター設定」にすぎないのではないかとも推測しながら、調査を続けた。

それからしばらくして、２０１８年12月に開催された「忍者・忍術学講座　近現代忍者の虚像と実像」で、奇術史研究家の河合勝先生に「手品と法術」というテーマで講演をしていただいた。その折、講演後の河合先生に何か知見はないかと伺ってみたところ、貴重な資料を開示していただけたので、この宮岡天外なる術者が何者かが、かなり判明した。

大正期に「宮岡天外後援会」により発行された宮岡天外著『精神霊動初法術』というものがあり、この本自体は催眠術や読心術の手法が書かれているのだが、「宮岡天外師の履歴」という項には次のようにある。

「天外師の産地は三重県阿山郡府中村大字一之宮、國幣中社敢國神社の元神官の倅れに産れた。」と書かれているのである。

そこで今度は敢國神社の史書である『國幣中社敢國神社誌』（大正5年）内に、歴代宮司に「宮岡」の名がないか探ったのだが、見つけることができなかった。ただし、ここに書かれているのはあくまで「歴代内宮司たりし者」であり、宮岡天外の父である人物が神官であった可能性が消えたわけではない。明治～戦前は神社の神職者全般を神官と呼称していたのでまだまだ調査の余地がある。

「宮岡天外師の履歴」によれば、見上げるばかりの大男で、敢國神社の神官の子にして魔術、幻術、催眠術、そして忍術を使うという、なかなか手ごわそうな「宮岡天外師」であるが、臆することなくその軌跡を今後もたどりたい。

剣豪と関わり　事典記す

伊賀市中心地の観光施設は伊賀上野城が目印となり、上野公園内の伊賀流忍者博物館が目玉である。「阿修羅《あしゅら》」による忍者ショーが絶大な人気を誇り、国内外問わず、訪れた人々の記憶に最も残る。

公園から少し下った所には剣豪・荒木又右衛門の「鍵屋の辻の決闘」で有名な伊賀越資料館（休館中）がある。創作物などでは36人斬りなどと脚色されているが、4人で多数の敵に勝利したという事実に曇りはない。過去、多くの外国人観光客に鍵屋の辻を紹介したが、意外にうけがよかった。端的に言えば、剣豪が大勢を相手に、親族のために復讐し、勝利する。このシンプルかつダイナミックな話は、外国人にも非常にわかりやすいのだ。

ここに忍者も登場すればかなり面白いが、そのような話はフィクションの世界に頼らざるを得ない。しかしながら、一つ、忍者と又右衛門を結び付けるような記載が『増補大改訂武芸流派大事典』にある。この事典は日本中の武芸流派を集成したもので、あらゆる流派が分厚い事典に記されている。

又右衛門と忍者について書かれているのは「戸波流剣術」の項。荒木又右衛門は決闘の後、戸波又兵衛という剣士に入門する。これ自体は起請文も残っており、信憑性が高い。『大事典』の戸波の記載は「戸波は伊賀者にて中条流から出た隠剣、忍者特有の短剣を用いて隠剣法と称し、昭和初期まで伝承者があったという」である。

まず、戸波は伊賀者であったかどうかだが、確かに長宗我部氏を祖に持つ戸波氏が伊賀で藤堂家に仕えていたというのは、家中分限帳にもその名があり、伊賀にいたことは間違いない。ただし、職名で言うところの伊賀者であったという記録はない。編者が、「伊賀の人物」という意味合いで伊賀者という言葉を用いたのではないか。

戸波の剣術であるが、戸波流という剣術は、崇広堂に稽古場があったので、戸波家が剣術に秀でていたのも確かだ。そして忍者特有の短剣を使った隠剣法であるが、これはどうしても確証が得られない。

まず隠剣であるが、単なる脇差しを指す流派もあれば、手裏剣を指す流派もある。戸波氏のもともとの流派である中条流が小太刀に精通する流派であるので、後世の忍者イメージと戸波流の剣術が混ざったという可能性が否定できない。

伊賀越資料館の前身は、戦前日本最大級の武術団体・大日本武徳会の支部「伊賀武徳会」だったようだが、出身者に尋ねるには、あまりに時がたちすぎてしまった。

剣豪が仇討ちに勝利して忍者の剣法を修行する。このような史実があれば、伊賀の人間としては垂涎ものだが、やはり欲張りすぎか。そう思っていたところ、決闘の後日談に伊賀の忍びを見つけた。

要人護送　まるで特殊部隊

又右衛門の武芸において、忍者との接点は明確に見つけ出せなかったが、鍵屋の辻の決闘と忍者はまったく無関係ではなかった。この記録については、伊賀忍者研究会の池田裕氏によって2010年に公表されているが、興味深いので今一度ここで紹介させていただきたい。

『公室年譜略』によると、1638年（寛永15年）、「渡辺数馬荒木又右衛門ヲ池田家へ渡ス（中略）駕輿《かご》を守衛ス伊賀忍ノ者ハ壱間柄《いっけんづか》ノ槍《やり》ヲ杖《つえ》に突《つき》テ不慮ヲ警ス」とあり、仇討ちから4年が経過した8月7日、渡辺数馬と荒木又右衛門を鳥取に護送した旨が記されている。

その一団の中でも「伊賀忍ノ者」は槍を杖にして又右衛門と数馬の乗るカゴを警護していたようである。この「伊賀忍ノ者」は当時伊賀在住の忍びであったかは定かではなく、鳥取藩の伊賀者の可能性もある。

現代の映画やドラマに出てきそうな、要人や囚人を暗殺から守る護送のような一幕であるが、まさにそのような状況で忍ノ者は、まるで護送車に張り付いて警護する特殊部隊を彷彿とさせる、重要な役割を担っていたことがこの記録からうかがえる。

いささか幼稚な疑問ではあるが、そこまでの任務を与えられていたならば、彼ら「伊賀忍ノ者」は強かったのか、とつい想像してしまう。鳥取藩には疋田《ひきた》陰流《かげりゅう》槍術《そうじゅつ》や剣術の雖《せ》井《い》蛙《あ》流などがあったが、そういった観点から、全国に散らばった伊賀者が、現地で習得していた武芸を解明していくのも重要かもしれない。

「伊賀者なのだから伊賀流忍術だろう」と思われる方もいるかもしれないが、「忍者が使った武術」と「忍術」の違いは解釈が難しく、私が講釈をしたならば余計に混乱を招く。ここは『万川集海』の現代語訳を読んでいただくことにしたい。

「捕り物は忍術の本意ではない。しかし忍術も時代の変化に従わざるを得ず、本書では古法の概略を示すに留める。（中略）術外のものであり、本来は下級役人の仕事である。」と書かれている。

余談ではあるが、鎖玉や契《ちぎり》木《き》術といった、いかにも忍者のイメージのある武具を駆使する「無拍子流」という流派が加賀藩に伝わっている。この無拍子流にはさまざまな秘伝書があるが、その中の忍術の秘伝書『水力一見』を、鳥取県立博物館が所蔵しているのは単なる偶然であろうか。

『雑誌』不気味な術記す

三重大学の国際忍者研究センターが所蔵している資料の一つに、『雑誌』というものがある。これは週刊誌などではなく、資料のタイトルが『雑誌』である。1889年（明治22年）に新潟県旧加治村の長谷川某が、現代でいうところのメモ帳のようにしていたものだ。

表紙をめくれば「犬ニカマレタルトキ妙薬」「牧畜法」などといった内容から始まり、明治期の農家もしくは養豚業の人の備忘録と推測できる。ページを進めると「神勧請《かんじょう》」「稲荷大神五社」など、神事について書き留められている。

これだけでは単なる明治期の備忘録としての価値以上は見いだせないが、さらにページを進めると、突如として「義経秘法」というまじないが現れ、「吾盗ヲ敵ニ見サセ術」（注・見サセヌ術の誤記と思われる）なる、盗みを敵に見られないようにする術が書かれている。その術とは一体どういうものか、まとめると次のようなものだ。

まず、胞衣（胎盤）を持ち主に知られないように取ってきて、100日間、九字を唱える。それを持ってマムシの生針（牙）を、結った自分の頭髪に挿す。忍夜討をする大将や、

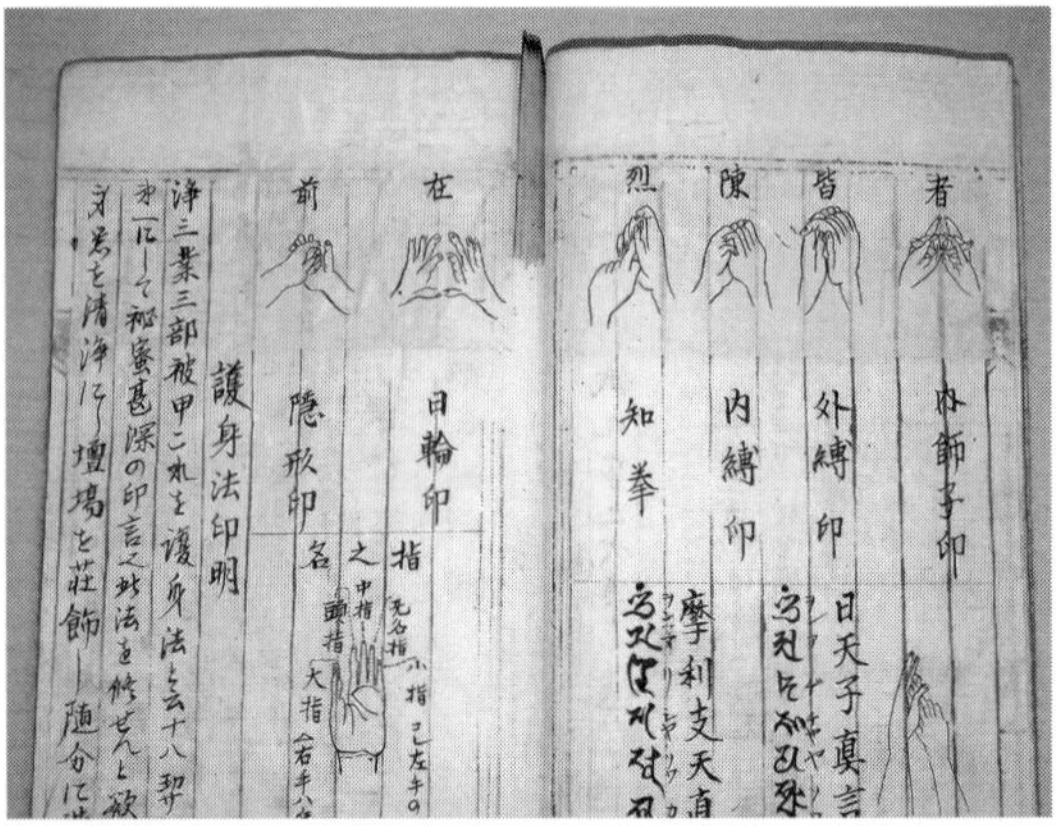

九字の唱え方、印の結び方が記された『雑誌』（三重大学国際忍者研究センター提供）

物見の兵は事前にこれをしておけば、敵には自分の姿が見えなくなる。邪欲のために用いれば天罰が下る――といったものだ。

現代ではへその緒を保存する風習はあるが、戦前までは産後の胎盤も自宅の戸口に埋めておくなど、一種の信仰対象であった。

はっきり断言するが、この術をかけたところで、敵に見つからなくなるということはないだろう。これと少し似た術が１７３７年に書かれた忍術書、『用間加條伝目口義』にもあるが、そちらも呪術的なもので、自己暗示という点を除けば、現実的な効力はなさそうである。この不気味な術は、現代において忍術として実践する価値は皆無である。

ただし、明治期の一農家であったろう人物が、生活の知恵を書きつづったノートに、わざわざこんな術を書き記していたという点が最も興味深い。

この『雑誌』には、しおりの代わりに先っぽの焦げた付け木が挟まれている。明治期の農村で、1人の男が蠟燭《ろうそく》の火で夜な夜な「透明人間になれる術」を書き記し、読んでいたことを考えると、その経緯が非常に気になる。

蛇足ではあるが、そもそも他人の胞衣を持ち主に知られず取ってくるとなると、至難の技である。それを成功させている時点で、透明人間並みの能力が発揮できているという、矛盾のある術であることも書いておく。

コラム11

戦前の婦人誌に「くノ一」

クバーソフ・フョードル

9月1日は、私の母国ロシアでは「知識の日」と呼ばれ、学年の始まりでもある。そして、忍者に興味のある日本人の友達の間では「くノ一の日」とされている。そこで今回は遅ればせながら女忍者の話をしたいと思う。

「くノ一」と言ったら今では何げなく、「女の忍者」という意味で理解するのが普通だが、吉丸雄哉先生が明らかにしたように、「くノ一」という言葉が確かに中・近世の資料で確認できるものの、当時は「女の忍者」ではなく「女」の隠語であった。

「くノ一」が出てくる唯一の忍術資料は、今のところ『万川集海』しか知られていない。そこでも「久ノ一術」とのみ記されており、女性は術者というより、道具に近い立場だったようだ。

吉丸雄哉氏によれば、「くノ一」は、その後1960年代の小説で、どんどん

「女忍者」の意味合いで使われるようになった（吉丸雄哉・山田雄司編『忍者の誕生』中の「くのいちとは何か」）。楳垣実編『隠語辞典』（東京堂出版、１９５６年）にも、「女」を指す犯人の隠語として「くノ一」が出てくる。

戦士として男の忍者に負けない「くノ一」登場の背景には、男性とともに女性が働くようになった60年代の社会背景がうかがわれる。

しかし、戦前の日本にも、女性向けに忍者・忍術の情報を解説した興味深い資料が二つある。

その一つは１９１７年（大正６年）11月1日発行の雑誌『婦人世界』に掲載された記事「忍術とはどんなものか」である。元町奉行所の与力だった筆者の佐久間長敬《おさひろ》が、忍術の飛び方、歩き方、水練などの話をしている。これらの内容よりも、ファッション、化粧、子育てなどが主眼の雑誌に、どういう経緯で忍術の記事が載せられたのかが気になる。

もう一つは、田島啓邦著『家庭警備法と婦人護身術』（平凡社、昭和11年）に出てくる忍術の方法だ。

この本では、武術心得に限らず、家の警備方法（玄関、窓、番犬に関する注意点など）から、安産のアドバイスまで広く紹介される。「忍術的護身法一斑」という条では、著者が「忍術ほど科学的であり、合理的であり、実際的である護身術はない」——と主張している。

さらに、「当流伝来の忍術のすべてを説くことは不可能でもあり、又必要もない」と記し、▽音を立てずに速く歩く法▽体の臭いを消して犬に気付かれない法▽何日絶食しても気力が衰えぬ法▽巧妙な変装法▽火薬その他薬物使用法▽水中に潜み、水を渉《わた》る法▽虫類を使用する法▽擬音、物真似、遁《とん》形の法——などについて、「常識的分野においての研究の価値は少なくなく、護身法上にも必要なる材料を提供してくれる」と書く。

それらの細かい説明を割愛し、護身のために役立ちそうな四つの心得だけを選び出し、そこそこ細かく紹介する。それは▽人間の視線の作用を利用して相手に気付かれない法▽野良から帰った農民に変装する法——などである。

このように豊富な忍術を伝えた「当流」とは何流であろうか。謎である。著者は正武天心流兵法、相馬流護杖術を女性たちに教えたのだが、『増補大改訂武芸流派大事典』によると、正武天心流は剣術の流儀であり、相馬流は「護杖術という。剣・体・槍・長刀など総合して編成」とだけ記され、田島氏以前の、それらの流儀の由来、歴史、系譜についての情報が見当たらない。

しかし、古武術には流儀の表芸は剣術か柔術であっても、「外物《とのもの》」としては木、塀の登り方、斥候の心得、薬方、目つぶし、手裏剣術、特殊な炬火や梯子《はしご》の作り方など、今では「忍術」に分類されそうな術技が伝わることが資料にもよく見られる。田島氏がたたえた流儀も、そうであったことが想像に難くない。

ただし、上記の心得のいずれも「特殊な女性用の忍術（くノ一術？）」ではなく、婦人護身にも応用できる忍術だと読み取れる。

第十二章 忍術の実践

川上仁一
三重大学伊賀サテライト
産学官連携アドバイザー

川上仁一

三重大学伊賀サテライト産学官連携アドバイザー

１９４９年生まれ。武術家、忍術研究家。甲賀流忍術を継承する甲賀流伴党21代目宗家で、伊賀流忍者博物館の名誉館長を務める。日本忍者協議会顧問。

心身一如は必要不可欠

今や忍びは、「ＮＩＮＪＡ」として世界中に知れ渡り、人々を魅了している。だが、そのロマンと、ミステリアスな存在からか、実態とはかけ離れ、誤解された忍者像が蔓延《まんえん》している。ことに、忍術修行については、史料もほとんど残っておらず、未知の部分が多い。伝承の一端として、私が経験した内容を紹介させていただこうと思う。

明確な記憶ではないが、小学校に入る前の6歳頃、雲水の格好をして地面に円形の絵を描いたり、子どもたちに古銭を打つのを見せたりしている師匠に出会った。これが私の忍術修行の始まりである。

私は孤独なタイプで、あまり目立たず、風変わりな子どもだったので、目に付いたのかも知れない。それからは会うたびに、忍びの術としていろんなことを教えられた。

師匠の名は石田正蔵。京都に住み、冬季以外は私の住む若狭（福井県）に出かけてきていた。眼鏡をかけ、痩せこけた老人だったが、「戦中は大陸で特務に従事していた」と言っていた。

修行は、神社の境内や裏山、墓地などで行った。人知れぬよう夜中に出たり、あまり広言できないような内容も色々と行ってきた。

幼少の頃は、身体の発育の阻害にならない配慮をされ、忍びの技の根源になるものとして、呼吸法や運足、歩法、走法などの心身操作の基本を中心に学んだ。

敵に悟られぬよう、細く長く息を吸い、吐く。吸うときに腹をへこめ、吐くときに膨らませる。緩急を付けるなどの呼吸法は、最も重要である。精神を統一し、心身一如となることは、忍びの技を駆使するために必要不可欠だ。音もなく侵入するには、「抜き足、差し足」に代表される歩法も大いに修行を積む必要がある。

小学3年くらいからの少年期や、その後の青年期になると、砂利に指を突っ込んだり、全身に打撃を加えたりする身体鍛錬に加え、高所の登攀《とうはん》や降下、暗中の行動など、実際的な忍びの技術の練習を続けた。

痛い、しんどいは普通のこと。「忍術の忍は堪忍の忍」であり、「何が何でも生き生きて生き抜く」ということを、口うるさく指導された。

武術習得　死ぬまで修行

忍びは「侍」でもあり、甲賀古士に伝承したさまざまな武術も、必須として並行して学んでいった。私は、馬術以外ほとんどすべてを習得している。

変わったところでは、服部家の伝承とされる吹針や含針までもあった。敵の虚を衝《つ》くには有効だが、大した修行は不要な武術心得だ。

一番つらい修行は、人間の本能に関わるものだ。飲食しない、寝ないなどは最たるものだった。「1か月食べない」「3日水を飲まない」「3日寝ない」など、自己の限界を知りつくし、忍びとして最悪時に余裕を得るためとされる。師匠からは「幻覚を見るくらいでないと駄目だ」と言われたが、これは洗脳の危険性がある修行でもある。

潜入、謀略、諜報などの忍びの術技は、こういった肉体的修行をしながら適宜に教えられた。ただ、年少のうちは、なかなか内容は理解しがたく、成長してから会得する場合も多かった。

手裏剣打ちの修行を続ける川上氏（川上氏提供）

養生や治療、護身や殺敵のさまざまな薬方や火術、生存の術、天文・地文、占術、奇法妙術などと多岐にわたり学んでいくのは、本当に大変だった。だから、忍びの古い技を、そのまま今、身につけることに疑問を抱いている。

時代錯誤ともいえる忍術修行を、私は18歳まで師につき学び、19歳になる前に甲賀伴党に伝わった忍術と、併伝された武術の全伝を受けた。

忍術だけは家伝なので、免許皆伝といった形式は無く、家を継ぐということで、伴家代々に伝わる家系図や由緒書、忍術書、武術・兵法伝書、忍び道具、武具などを譲り受けている。

成人し、就職してからは、自宅で武術を中心に門弟を指導しながら、忍術・武術・兵法などの研究を継続している。死ぬまで修行。今も変わらず学んだことを続けているが、「これは自分や、世のため人のために役立つことなのか」と日々、自問自答している。

近年になっていろんな方々との出会いがあり、現在は三重大学や伊賀上野観光協会の一員として、忍者の実態を広報していく有意義な活動にも取り組んでいる。

義経が始祖の流派も

忍術は甲賀流や伊賀流だけでなく、日本各地にさまざまな流派があったが、史書や秘伝書に記載されるのは、すべて江戸時代以降の呼称で、それ以前にはなかったと推測される。俗書を含む古今の諸史料などからは100を超える流派が数えられるが、この中には忍術専門ではなく、兵法や武術の別伝、外《と》の物としての心得の場合も含んでいる。

忍びの存在は、14世紀の『太平記』に記されたのが初出であり、その時代から、日本各地に忍びの術技は当然に存在していただろうが、流儀としてとなえられていたわけではない。

兵法や武術の多くと同様に、長い戦乱の時代が終わり、江戸の太平の世になってから、術技の伝承や由緒、技能の誇示などを目的にまとめられ、流儀・流派名を称したのである。この中には、源義経や楠木正成など著名な実在の武将や、実存不明の人物を流祖とする場合も多いが、仮託された人物であり、特定の個人が編み出したものとは言い難い。ことに伊賀流や甲賀流は、伊賀地域、甲賀地域で行われた「忍びの術技」の総称としての忍術流儀名で、「誰それが流祖や開祖」という人物は存在しなかったと言える。

忍術秘伝書『万川集海』などには、伊賀、甲賀で忍術を編み出した者が11人あり、その一人「楯岡の道順」により、伊賀・甲賀で49流あると記されるが、もとより史料の裏付けはない。

楯岡の道順が伝えたとされる伊賀流忍術は、滝野半九郎定勝を経て尾張藩に伝承し、『三才之巻』『飛鳥之巻』『雲行之巻』など、多数の忍術書で伝えられたが、呪術や占法など神秘的な内容も多く含んでいる。この伝系は、八幡流の蟇目《ひきめ》鳴弦《めいげん》という、弓矢を用いた呪術も併伝した不思議な流派である。

尾張藩ではこのほかにも、甲賀の伴上野若狭守資元から小左衛門資景を経て、上野家、分家の和田孫八家が忍術を伝えた。ほかにも服部半助より伝わる伊勢の竹之下平学頼英の『伊賀伝』や、甲賀の木村奥之助康敬の『甲賀伝』も、尾張藩士近松彦之進茂矩《しげのり》（1697〜1778年）により大成された『一全流練兵伝』の中に取り入れられた。

これは、近松茂矩により『用間加條伝目口義』と題して編された忍術書として、現在は名古屋の蓬左文庫に所蔵され、2017年3月、甲賀市が関連文書と共に翻刻発行している。

源義経を流祖とする忍術は、越前福井藩の義経流軍学の内に含まれるが、藩の忍びの者の間に陰忍伝として、「法」「配」「術」各天地人3巻の秘伝書を中心として伝えられた。

義経流軍学を福井藩に伝えた井原番右衛門頼文（1686年、76歳で没）は、由緒書によれば鳥取の生まれで、後に津の藤堂家に仕えている。臆測に過ぎないが、この時期に伊賀の忍術を学び、自身の軍学に加えたのかもしれない。

江戸期の多くの藩では、伊賀や甲賀の者を忍びの役に採用しているが、福井藩では珍しく異なっており、何らかの警戒心があったのでは、と興味深い。

江戸期、さまざまな忍術存在

江戸時代に存在したとされる諸流の忍術については、伊賀、甲賀以外の流儀では、記された史料が僅少で、断片的でもあり、内容はあまりわかっていない。残っている秘伝書や覚書などにも誇張や虚偽、机上論の記載や、明らかな誤伝が多く混入している場合があり、流儀や術技の実態を探究するには注意を要する。

呪術や占いの類いを多く採用している忍術よりは妖術といったもの、実在不明や著名な人物、神名を挙げての由緒付け、実効性の不明な薬物を使用する諸術等々、多彩な正体不明の「忍術」や「忍び」「陰術」「間法」などと称する術技も行われていたことがうかがわれて興味深い。

忍術「引光流」は、伊賀流忍者博物館所蔵の伝書によれば平安時代の伝説上の盗賊である熊坂長範《ちょうはん》を元とし、引光但馬守が祖とされるが、両名とも実在不明の人物である。ここでは熊坂長範を加賀国の人物としているが、名張市蔵持町にも出生地の伝説がある。

忍術と盗賊との関わりが記された珍しい史料ともいえる。内容は呪術も含む忍び込みの技術を列記し解説されているが、福島正則の撰作としている「福島流」の忍術書とほとんど同一内容の伝書もあり、「引光流」との関連性なども不明である。

鎌や槌《つち》、鋸《のこぎり》や水中に潜るときの道具などの図解、「暗多羅密」という像を拵《こしら》えて忍び入りのときに用いる呪術の極秘伝など、甲賀、伊賀忍術と共通しているところも多いが、忍び込みの技術であるから当然といえば然りである。福島家は改易されており、その後に伝承した藩は明確ではないが、伝書から推測すれば江戸後期までは伝えられていたようである。

一方、「龍神流」は九州の阿蘇山中に住したとされる龍神仙人という女性を流祖に仮託した忍術である。近代まで百代を超して伝承したという驚くべき道統を掲げるが、元より歴史的な事実として史料の裏付けができるわけではない。天体の神格や伝説の兵法家である黄石公や張良からの伝来を説く、源家の兵法相伝書や虎の巻と同様に、悠遠な歴史を標榜して権威付けを図っているに過ぎない。この流儀の特徴は、兵法相伝書などと共通の呪術的な内容や忍びの技術とともに、龍神流の名称で武術をも含んでいる点である。

諸流の兵法や武術では、外の物や別伝などとして、忍びの基礎的な心得を伝えている場合が少なからず存在したが、龍神流は忍術として鉄扇術や體《たい》術などの武術も取り込んでいる稀有な流儀である。近代に創造された流儀では、武術主体に構成された忍術流儀は珍しくないが、江戸期からの伝承ではまず見受けられず、真偽の検証が必要である。

この流儀も伝わった藩や地域は明確ではないが、近代（大正時代）には九州で行われていたことを証する伝書が残されている。

禁裏警衛の村雲流伝承

忍者は戦国時代を最盛期にして、有力な武将に属して活動していたことは史料から明らかだが、宮中でも存在していたのだろうか。

江戸時代の甲賀武士の由緒書などには、先祖は古い時代には禁裏警衛の士《さむらい》であったとするものもあるが、忍びとして仕えたとは記されていない。

日本書紀や続日本紀には「間諜」の記載があり、窺見《うかみ》と訓じ、古代の朝廷には忍者的な役割を持つ者が確実にいたことが推測されるが、その後については記録もなく、その存在や活動は杳《よう》として知れない。

朝廷内の権力闘争や武士の台頭からも、内外に陰謀渦巻く争乱の時代が続き、忍びの役割に類する人材が必要で、存在したであろうことは想像に難くないが、史料からは裏付けることができない。

江戸期においても、幕府との関連を含め、さまざまな局面で情報に基づいた判断が必要で、相応の諜報活動もなされていた可能性は否定できない。

忍術書の中では、禁裏に仕える忍者が伝えたとされる流儀がある。丹波の国に発祥したとされる『村雲流忍之法』である。伝承の分野であり、歴史の事実としては疑問であるが、面白い内容である。

この流儀の起源伝承では、丹波国叢雲《むらくも》庄に発し、大嘗祭での悠紀《ゆき》、主基《すき》や、朝廷への貢《ぐ》税《ぜい》、朝貢などを管理する役務を司った村雲御所に所縁の一族が伝えた流儀としている。

元祖を大職冠鎌足の末孫とする御刀部永雄麿に仮託し、本拠を禁裏領丹波国桑田郡の山国庄（京都市）や、多紀郡（兵庫県）として、平安の時代より杣《そま》や貢税と禁裏警衛に関わる職を継承し、戦乱の時代には村雲党や桑田党を称して割拠していた。鎌倉や南北朝期には、得意とする弓術をもって活躍し、戦国期には主に波多野氏に属して忍びの役割を担っていたとしている。

『村雲流奥忍之巻』によれば、江戸の時代には武家に仕えることなく、元の通り朝廷や、商人たちの請いによって忍びの働きを続けていたとするが、真偽不明である。『桑田党山国身人部水口略系図』には、江戸時代には村雲姓を名乗り、再び禁裏に奉仕していたことが記されているが、忍びの活動については明らかではない。

また、地元にも忍者に関する口伝承も存在せず、曖昧模糊とした忍者・忍術伝承ではある。ただ、丹波波多野家の家臣籾井《もみい》氏の事跡を記したとされる『籾井家日記』は、江戸期に成立した軍記物であり、信頼性には欠けるが、波多野家での忍びの重要性や忍者の存在が記され、村雲流との関わりからも興味深い。

蛇足ではあるが、村雲流の伝承では、源義経の股肱《ここう》の臣・常陸坊海尊は、伊賀と同じ丹波の須知氏の一族であり、忍びの役を負っていた者とされる。

修行から限界を極める

世の人々の多くは、忍術は幼少より過酷な鍛錬を積み、その修行効果で超人的な能力を得られると理解されているだろう。私の修行経験や学んだ術技から、それはまったく事実ではないと言える。人間はいくら厳しい修行を積んでも、各個人の能力を超えることはできない。

ただ、能力は無限の可能性を秘めており、自分の限界を超えることを目標に修行に励むのが肝要だ。普通の人には超人とも思える能力を示せる場合もあろうが、その人間の能力の範囲だからできているに過ぎない。科学知識の乏しい往時、人知を超えたかのように錯覚させたり、誤解させたりするのは、修行を積んだ忍者が会得した虚実取り混ぜの技からは、容易なことであったろう。

「忍術の忍は堪忍の忍」であり、「何が何でも生き生きて生き抜く」ことこそ忍者の本旨だ。修行は超人的能力を得るためではなく、いかなる環境に遭遇しても「生き抜く」ことを習得するためだ。映画やアニメなどで描かれる摩訶不思議な術は存在しないし、長年過酷な修行をしても決して会得できるものではない。

「今までの忍術修行で一番つらかったのは？」とよく聞かれるが、即座に「人間の生理的

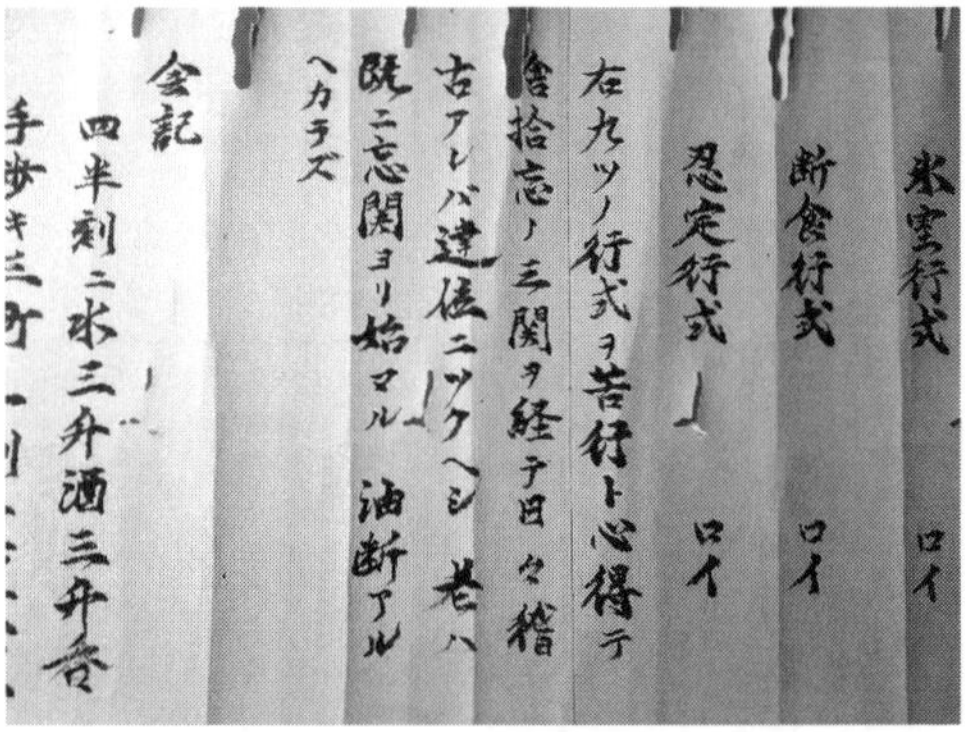

忍術書『村雲流奥忍之巻』のうち断食について書かれた箇所

欲求や感覚に逆らった修行」と答えている。この修行では人間の能力の限界を知り、「堪忍」を実体験できる。

甲賀忍術では「苦業（行）」と称し、語呂合わせで「九業（行）」とも書いて9種に分けた修行がある。「整息、止息」「不動、無言」「断食、大食悪食」「脱衣、着衣」「断火、断水、断塩」「忍耻と広言」「耐痛、耐掻痒《そうよう》」「耐寒暑」「不眠、耐便意、不休」の9種。内容は文字から類推できると思うが、いずれも、人間の自然の生理や心理に反する行為を継続する。

これらの修行の中で、誰もが容易にすぐにも行えるのが断食、断水、不眠などである。だが、あくまで日常生活を送りながらの行であり、非常に厳しく、健康を阻害したり、病気を誘発したりする可能性がある。古来のまま行うのは相当に危険である。

私は古伝に従って危ない長期修行をしたが、世の中には断食道場などがあり、短期の断食を適宜に行えば、健康にも優れた効果が期待できそうだ。

断食の際、水は絶対に欠かしてはいけない。断水の修行では水を飲まずに3日間過ごすが、これは生命存続の限界とされている日数。断食は30日間にわたり、食事をせずに通常生活を送るのである。最初の数日は本当に空腹を感じ、1週間ぐらいは食事のことばかり気になり、何のために行うのかを自問自答しながら過ごすことになる。

私の場合、会社勤めの最中に行った。出張の際には食堂の看板ばかりが目に付き、「もうやめよう」と何度も思ったが、ある時期を過ぎれば達観した境地になり、途中でやめるのが惜しく感じ、目標を達することができた。

忍者は、食料なしに数日を過ごしても心や体力に衰えを感じないよう、機会をとらえて断食修行を行っておく必要がある。数年前、古武術などを修行されている著名な俳優が、1か月断食を行った経験が雑誌に掲載されていた。私の体験と同様であり、「やればできる」を痛感した。

人間はカロリーうんぬんだけで生きているのではない。予想以上に強く、したたかに生きる能力を生来持っている。忍者は修行により、その限界を極めて活動する者と言えよう。

おわりに

「三重大学の先生方で、忍者学のリレー連載をしませんか」

2017年8月下旬に放映されたNHK『歴史秘話ヒストリアSP「新発見　そうだったのか！忍者の真実」』を見た私は、翌9月、三重大学の研究室に押しかけ、山田雄司教授をずうずうしく口説きました。結果は笑顔で快諾。10月には伊賀流忍者博物館で座談会を開き、先生方は〝結団式〟よろしく、忍者のずきんをかぶってポーズを決めたのでした。

この本は、17年11月に始まった読売新聞の伊賀版・三重版の週1回の連載「三重大発！忍び学でござる」を抜粋し一冊にまとめたものです。連載は昨年末で100回を数え、今後も続いていきます。

文系・理系の研究者たちが、忍者の謎に正面から取り組んだ連載は、圧倒的な読者の支持をいただきました。「いつ本になるの？」と聞かれることもたびたびでした。初めて忍者関連本を出すことを決断された、中央公論新社に改めて敬意を表します。

51歳の私にとっての忍者は、幼い頃にテレビで夢中になった『サスケ』『仮面の忍者赤影』です。もう少し若い世代なら『忍たま乱太郎』、今の若者には『NARUTO』でしょう。子どもからお年寄りまで、いつも心にカッコいい忍者がいたと思います。

執筆者の一人の川上仁一さんは、幼い頃に甲賀流忍術の師匠と出会い、18歳で皆伝を受けました。想像を絶する訓練を重ね、忍術を身につけた本物の〝忍者〟ですが、周囲の理解はまったくなかったそうです。「忍者なんかウソっぱちだ」といわれ、何度悔しい思いをしたことか。こうして三重大学の忍者研究が一冊にまとまったことが、川上さんの心を少しでも慰めるなら、本当にうれしいことです。

まず、山田教授、川上さんをはじめとする執筆陣の先生方に多大なる感謝を申し上げます。研究に携わっていない一介の新聞記者が、偉そうに原稿をせかしたり、注文をつけたりして、申し訳ない気持ちです。先生方の忍耐力が支えでした。

連載を面倒みてくださった読売新聞伊賀上野支局の吉田誠一・前支局長にも感謝申し上げます。中央公論新社の吉田大作さん、疋田壮一さんは書籍化にあたり、献身的な努力をしていただきました。ありがとうございました。

忍者・忍術学は、始まったばかりの「知のフロンティア」。解明されていない謎は、たくさんあります。この一冊から忍者の世界を探求する旅を始めましょう。

2019年12月

読売新聞伊賀上野支局　山本哲生

三重大学国際忍者研究センターより

『忍者学講義』の刊行は、これまでの研究により忍者の何が明らかになったのか、そしてどのような課題があるのかを明確にして世に問うという点で意義ある出版であり、また忍者研究の一つの区切りにもなると思われます。

２０１７年７月に三重大学伊賀サテライトに属する国際忍者研究センターが設立され、私が初代のセンター長を務めることとなりました。７月１日にハイトピア伊賀で開催された研究センター設立記念講演会・シンポジウムの様子は今でもかなり鮮明に覚えています。当日は約２００名の参加があり、ここから新しいムーブメントが広がっていくという確信に満ちた熱気のようなものを感じました。

国際忍者研究センターでは、月に一度、メンバーによるセンター運営会議を開いています。会議の場では、東京の大学の教員・学生グループがセンターの見学に訪れた等の報告があり、忍者研究に関する施設という存在が各方面から注目されていることが実感できます。また、地元の高校からの講演依頼や、個人所有の古文書を一度見てほしいという相談の依頼等が時々あり、この研究センターが地元においてかなり認知されるようになったことがわかります。地域に根ざして、地域の資源を基に研究教育を進めるのは、大学としての重要な役割の一つであり、忍者研究の成果が何らかの形で地域に還元されることが望まれます。

忍者は、国際的にみても知名度は極めて高く、一種のブームが生じているともいえます。私は、研究センター教員が中心となって17年11月にベトナムで実施した「忍者文化研究プロジェクト：レクチャー・デモンストレーション」に同行しました。ホーチミン市師範大学では、約700名の学生が大講堂を埋め、その忍者人気の高さには改めて驚かされました。忍者の何があの学生たちを惹きつけるのか、簡単には言えませんが、参加者皆が本当に目を輝かせて、期待を込めたワクワク感を発散していたのは、強烈な記憶として残っています。

大学が行う忍者の研究は、まず学術的であることが求められます。それと同時に、私がかつてベトナム人学生に感じたワクワク感のような、純粋な楽しみの部分も忘れずに研究を進めていくことが大事でないかと思われます。今後も、三重大学の忍者研究に対して、ご指導とご支援を賜りますよう、よろしくお願い申し上げます。

三重大学国際忍者研究センター長　安食和宏

山田雄司（やまだ・ゆうじ）

1967年静岡県生まれ。京都大学文学部史学科卒業。亀岡市史編さん室を経て、筑波大学大学院博士課程歴史・人類学研究科史学専攻（日本文化研究学際カリキュラム）修了。博士（学術）。現在、三重大学人文学部教授。三重大学国際忍者研究センター（三重県伊賀市）副センター長。著書に『怨霊とは何か』（中公新書）、『忍者の歴史』（角川選書）、『忍者はすごかった　忍術書81の謎を解く』（幻冬舎新書）など多数。

忍者学講義《にんじゃがくこうぎ》

2020年２月10日　初版発行
2020年３月10日　再版発行

編　者　山田雄司《やまだゆうじ》
著　者　三重大学国際忍者研究《みえだいがくこくさいにんじゃけんきゅう》センター
発行者　松田陽三
発行所　中央公論新社
〒100-8152　東京都千代田区大手町 1-7-1
電話　販売 03-5299-1730　編集 03-5299-1740
URL http://www.chuko.co.jp/

ＤＴＰ　市川真樹子
印　刷　大日本印刷
製　本　小泉製本

Published by CHUOKORON-SHINSHA, INC.
Printed in Japan　ISBN978-4-12-005266-8　C0021